「伝えあい保育」の人間学

戦後日本における集団主義保育理論の形成と展開

吉田直哉 著

ふくろう出版

まえがき

　本書が取り上げる「伝えあい保育」とは、その前身の「話し合い保育」運動の発展形として、1959年頃より、法政大学教授であった心理学者・乾孝らを中心とする東京保育問題研究会を核として展開されたムーブメントである。保育実践と理論の同時並行的な発展を志したその運動は、1970年代に興隆期を経た後、現在に至るまでなお、全国の保育実践者、保育研究者によって継承されている。

　当初の「伝えあい保育」運動は、戦後流行した新教育(経験主義)への批判を行う一方、ソヴィエト連邦における心理学、教育学の知見に依拠しながら進められた。そのことは、「伝えあい保育」が、実践を支える理論に強い意味を見いだしていくことにつながる。「伝えあい保育」が、特に強く依拠した理論には、次の二つが挙げられる。第一に、イワン・パヴロフ(1849-1936)の生理学に基づく「第二信号系」の理論であり、第二に、教育学におけるアントン・マカレンコ(1888-1939)の集団主義教育の理論である。つまり、「伝えあい保育」の理論的主軸は、「言葉」と「集団」に関するものであった。

　ソヴィエト連邦の諸学に触発されつつ発展した「伝えあい保育」には、次の三つの特徴が見いだせる。第一に、言語を媒介して相互的にコミュニケートしあうことで、生活世界に対する認識を共同的に深めていこうとしたことである。第二に、人間を個別的な存在として捉え、環境からの刺激に一方的に「適応＝学習」していくような受動的な存在として捉える人間観に反対したことである。第三に、人間の発達を、本能の成熟に一元的に帰する生物学主義的な人間観に異議を唱えたことである。

　コミュニケーションを介した他者との関係性を重視する以上、「伝えあい保育」は、集団主義保育としての性格を色濃く持つ。複数の人間が、対等の地位で関わり合う集団性を育て上げることこそが、「伝えあい保育」の目標だとされるのである。「伝えあい」とは、まず、人間と人間との間のコミュニケーションの過程である。他者の存在を前提としているのが「伝えあい」である。そうだ

としたならば、「伝えあい保育」の理論とは、集団性と、その中における他者の
あり方、他者とのコミュニケーションに関する理論を核心として構築されなけ
ればならないであろう。「伝えあい保育」の理論家たちは、集団性と、コミュニ
ケーションに対する理論的な枠組みを作り上げる際、ソヴィエト連邦における
心理学、教育学の知見に、その拠り所を見出した。しかしながら、海外からの
理論に刺激を受けつつ展開されたはずの「伝えあい保育」が、日本の保育理論
として、どのような理論展開を実際に見せたのかについては、現在までのとこ
ろ、ほとんど先行研究がない。それは、戦後における保育理論史の豊穣な遺産
の相続を、みすみす放棄するに等しいといえる。

　「伝えあい保育」に関する先行研究としては、「伝えあい保育」に直接的に関
わった人物、いわば当事者以外の手になるものは、現在までのところ、きわめ
て少ない状態にある。例えば、「伝えあい保育」の揺籃となった東京保育問題研
究会の理論的指導者のひとりであった宍戸健夫の回顧録『保育実践をひらいた
50 年』(草土文化、2000 年)は、「伝えあい保育」の実践者自身によって書かれ
た実践記録の内容を詳細に解説することを目的にしたものではあるが、「伝え
あい保育」の理論の形成過程に焦点を当てたものではない。

　その他、伝えあい保育の実践記録に関する検討を行った文献としては、勅使
千鶴・亀谷和史・東内瑠里子編の 2 冊、すなわち『「知的な育ち」を形成する保
育実践：海卓子、畑谷光代、高瀬慶子に学ぶ』(新読書社、2013 年)、『「知的な
育ち」を形成する保育実践 II』(新読書社、2016 年)がある。前者は、海卓子、
畑谷光代、高瀬慶子という「伝えあい保育」の実践化を試みた代表的な保育者
に対する聴き取りの成果も反映させ、往時の実践の実態に迫ろうとするもので
あり、後者は和光鶴川幼稚園、さくらんぼ保育園、神戸大学教育学部附属幼稚
園という 3 園の実践に焦点を当てて、「伝えあい保育」、集団主義保育理論の影
響を受けつつ展開されたカリキュラムの様相について検討しようとするもので
ある。2 冊共に、「伝えあい保育」の実践者による認識、およびその影響を受け
た実践例を詳しく扱っているため、「伝えあい保育」が実際に展開された当時の
社会的、時代的文脈を知るためにはきわめて有益であり、興味深い。しかしな

がら、2冊共に、やはり実践記録の再読・再解釈を試みる文献であるため、理論的側面についての検討は薄いといわざるをえない。「伝えあい保育」が、興味深い実践事例を積み重ねてきた保育運動であったと同時に、その保育実践は、その基礎に、確固とした理論を備えていたことの意味を受けとめ、伝えようとする研究は少ないのである。

本書では、今まで注目されてこなかった「伝えあい保育」の理論的側面に光を当てていきたい。現在の保育学研究は、実践研究、特に実践の意味を解釈しようとする研究に過剰なウェイトがかかっている。しかしながら、実践への意味づけや評価は、理論や思想によってこそ可能になるということを自覚化しようとする研究は乏しい。保育学研究においては、研究者自身が抱く保育に関する規範や価値は、暗黙の内にとどめおかれ、それゆえに言語化されることがない。つまり、保育研究者による、自らの保育観とそれを支える人間観と社会観に対する省察的、あるいはメタ的研究は、後景に押しやられてきたのである。しかし、自らの実践への意味づけや評価を可能にしている暗黙の保育理論・保育思想を、省察的・メタ的に認識することのないままでは、実践そのものの意味をすら十分に語り得ないということにもなりかねない。保育について語ること、考えることは、保育についての自らの価値観を産出・形成している理論や思想を包摂することで、初めて可能になるはずである。

本書の特色は、「伝えあい保育」の理論のうち、その基礎・基盤をなす人間認識、人間観に着目する点にある。というのも、人間の本質規定に適合するように、「伝えあい保育」の理論は構想されてきたからである。「伝えあい保育」を根底から支えてきた人間観、それを本書では「人間学」と呼びたい。「伝えあい保育」が育てることを目指してきた人間像と、その人間が構築することになるだろう社会像を明らかにしようとするのが本書である。

本書は、8章から成る。第1章から第3章までは、「伝えあい保育」を支える根底的な理念を追求した乾孝、天野章、近藤薫樹という三人の著作に注目したい。第4章から第7章までは、第3章までで見た理論的な基礎を踏まえながら、保育内容の諸側面に焦点を当てた各論的な思索を検討する。文学教育論、身体

表現論、自然保育論、遊び文化論といったさまざまな領域において、「伝えあい保育」の理論が、実践との交流を経つつ、多様に展開された様子を見ていく。最終章である第 8 章では、「伝えあい保育」の理論史の総括的取り組みとしての「保育構造論」を見る。戦後半世紀にわたる理論的・実践的取り組みの成果が、保育構造というクリアな図式で表現されたことの意義を明らかにする。

　本書が、理論的・思想的研究の不活発な保育学研究の現状に投じられる小さな礫となることを心より願う。

　なお、本書は、科学研究費研究助成（題目「「伝えあい保育」の理論と実践における人間観・社会観の関連に関する思想史的研究」）による成果であることを附記する。

著者識

「伝えあい保育」の人間学

戦後日本における集団主義保育理論の形成と展開

目　次

まえがき

第1章　乾孝・伝えあい保育を支える理論的基盤 …………………………… 1

　「伝えあい保育」草創期のリーダー 1

　新教育への批判という動機 3

　「伝えあい」の原型としての「相談型」コミュニケーション 5

　伝達型コミュニケーションと対極をなすものとしてのパヴロフ学説 6

　他者とのコミュニケーション過程の内面化としての思考 9

　「伝えあい保育」がもつ集団主義的性格 12

　自己変革から社会変革への昇華：湯川和夫の民主主義論からの影響 13

第2章　天野章・伝えあい保育のめざす人間関係 …………………………… 23

　異端の「保父」にして理論家 23

　集団性を支える「コトバ」の獲得 24

　「個別・個人主義」・「自然成長論」への批判 27

　集団主義保育の基本理念：その発達観と集団観 29

第3章　近藤薫樹・伝えあい保育のめざす子ども像 ……………………… 35

　理論と実践のインターフェイスをめざして 35

　近藤の人間学の基本枠組み(1)：ヘッケル説の翻案 36

　近藤の人間学の基本枠組み(2)：ポルトマン説の翻案 38

　層化論を媒介とした人間観と脳科学の接合 39

　人間論と保育論のカップリング：「層化論」という近藤独特の論理構成 41

　近藤における子どもの道徳性の発達の把握：「情操」教育というキーワード 43

情緒と情操の区別、知的教育と情操教育の止揚 *46*

第4章　高橋さやかの文学教育論 ……………………………………… *52*

「ことば」と「人格形成」を繋ぐ文学教育 *52*

言葉の獲得に対する高橋の認識：「こころ」と「コミュニケーション」の重視 *53*

言葉の機能の三側面と子どもにおける言葉の能力の発達 *55*

子どもと文学のメディア／触媒としての保育者 *57*

文学教育の出発点／到達点としての「こころ」 *59*

文学による身体運動の触発 *61*

文学教育の基盤としての「生活」 *62*

文学教育の目的としての統一性ある人格 *63*

第5章　斎藤公子の身体表現論 ……………………………………… *67*

生物学・医学とのインターフェイス *67*

リズムあそびの発案の機縁としての障害児保育 *69*

乳幼児期からのリズムあそびにおける進化論的メタファーの導入 *70*

リズムあそびの四つの源流：生物進化と歴史＝文化のインターフェイスとしてのリ
ズムあそび *76*

第6章　安部富士男の自然保育論 ……………………………………… *81*

集団活動の舞台としての園外環境デザイン *81*

安部の保育環境観とその具現化としての飼育・栽培活動 *82*

システムとしての園内環境と地域との相互作用 *85*

安部の人格発達のイメージ *86*

安部の労働観と遊び観 *89*

安部の提示する保育構造論の特質 *92*

第 7 章　かこさとしの子ども文化論 ……………………………… 99

子ども文化論への展開　99

既存の遊び論への批判：還元論から文化論への転換　100

加古による遊びの特質の分析　105

子どもの発達と遊びの関連の層化構造　109

第 8 章　宍戸健夫の保育構造論 ……………………………… 114

伝えあい保育＝集団主義保育理論の集大成　114

宍戸の保育構造論の前駆としての久保田浩・安部富士男　117

宍戸の保育構造論の中核としての集団生活　118

保育構造論提示の直前における影響：城丸章夫と名倉啓太郎　120

1980 年代初頭における宍戸自身の保育構造論の提示　123

2000 年代以降における保育構造論の更新：「プロジェクト活動」の導入　128

あとがき　134

著者略歴　138

第1章　乾孝・伝えあい保育を支える
理論的基盤

「伝えあい保育」草創期のリーダー

保育の場から、社会の変革を目指して働きかけようとする運動は、日本では戦後において本格化した。具体的には、保育所増設運動が、労働運動と接合し、社会運動として一定の組織力を発揮するようになったのである。本章では、戦前から戦後まで、保育と社会との接続・架橋というテーマを掲げ続けた児童心理学者である乾 孝(1911-1994)が展開した「伝えあい保育」の理論的基盤に焦点を当てる。まず、乾の独特の言語観に焦点を当て、それを基礎とした彼の人間論と民主主義論という二つの軸を中心として、彼の保育構造論がつくり上げられていることを明らかにしていく。

乾孝は、1911 年、東京に生まれ、1935 年、法政大学哲学科に入学し、城戸幡太郎(1893-1985)に師事する。当時の法政大学では、城戸を中心として「児童問題研究会」が組織されており、保育者に対する児童相談に取り組んでいた。その後、法政大学教授を長く務めるのと並行して、保育問題研究会(略称・保問研)の主要メンバーとして活動した。

城戸によって 1936 年に設立された保育問題研究会(第一期)は、社会科学的な立場に立つことを標榜しながら、保育実践に携わる現職の保育者との共同研究を通して、社会情勢に対するリアルな認識を深めることを目的としていた。倉橋惣三(1982-1955)の主張する児童中心主義的な保育論に見られる観念性や社会認識の乏しさを批判し、「科学的」な保育観をつくり上げることを目指した。そこでの子ども観は、「社会の中で成長」する存在というものであった(乾 1972：24)。ところが、戦時色の深まりの中で、保問研は徐々に戦争協力の傾向を強め、1943 年の日本保育研究会の組織時に、これに統合され解散するに至る。

戦後、保育問題研究会(第二期)は、1953 年 2 月に再発足する。この時の中心メンバーが乾であった。乾は、戦後初期、燎原の火のように普及した、アメリカ由来の経験主義教育に対して厳しい批判を向けていた。経験主義(乾は「自由主義」と呼ぶ)批判の中から、子どもに対する大人の指導性が必要であるということが主張される。ここにおける大人の役割とは、「外の世界」と子どもを結びつけること、すなわち外界(環境)と子どもとの媒介者と見なされている。

　1961 年の全国保育問題研究会の発足を受けて、保育問題研究会は、「東京保育問題研究会」に改称する。1960 年代から 70 年代にかけて、乾自身が、東京保育問題研究会の「合言葉」(乾 1981：102)だと述べるまでになった「伝えあい保育」の嚆矢は、東京保育問題研究会メンバーによる、「話し合い保育」に関する 1959 年の日本保育学会における共同発表「保育と発達：保育技術とくに話合い保育における子どもの理解について」であった。

　その後、「話し合い保育」から「伝えあい保育」へと呼称が変更される。言葉のみによるコミュニケーションではなく、言語外のコミュニケーション、特に芸術活動を通したコミュニケーションまでも包括する概念への拡張がなされたといってよい。乾自身も、「話し合い保育」の「いけなかった点」として、「言語中心に傾く危険」を孕んでいたことを挙げている(乾 1972b：43)。「伝えあい保育」は、「言語外の伝え」、すなわち表情、身振りなどボディランゲージ(ノンバーバルコミュニケーション)から、絵画や音楽といった芸術教育の領域までを包含する、広い分野をカヴァーする概念となった。

　戦後保問研の草創期からの「伝えあい保育」の指導者の一人であった宍戸健夫は、「伝えあい」は「話し合い」を包含する概念であると述べている(宍戸 1966：69)。1962 年の第 1 回全国保問研集会(比叡山で開催)では、宍戸が「伝えあい保育と集団づくり」という報告を行い、全国での実践事例の報告を交えながら、問題意識の共有が図られている(宍戸・阿部編著 1997：153)。

　乾は、「伝えあい」の思想は「民主主義」であり、その実践は表現をなかだちにした保育者たちと子どもたちの共同の自己実現であるとした(乾 1981：102)。北区労働者クラブ保育園や豊川保育園で園長を務めた畑谷光代らの実践事例、

白金幼稚園では園長の海卓子らの実践事例などが蓄積され、それらの記録は、保問研の機関誌『季刊保育問題研究』に掲載され、保問研会員たちに広く共有されていった。

　東京保育問題研究会の取り組みは、保育現場における実践から貪欲に学びつづけ、それを理論化し、その理論をさらに実践レベルに置きなおして検証・反省が加えられるという、理論と実践との往還関係が維持された点が特徴的である。それらを理論化する際に、特に影響が大きかったのが、ソヴィエト連邦における心理学、教育学の知見であった。それらは具体的には、イワン・パヴロフ(1849-1936)の「第二信号系」の理論、アントン・マカレンコ(1888-1939)の集団主義教育論であり、彼らの著作は、戦後次々に翻訳・公刊されていた。

　乾が構想している「伝えあい保育」とは、(1)人間に特徴的な信号としての言語の重視、(2)保育実践における集団性の重視、(3)保育実践に対する社会的影響への着眼、(4)(3)を媒介とした、社会へのコミットメント(参画)の提唱、(5)(4)による、将来的な民主主義的人格の形成とそれによる民主主義諸制度の実質化を目指すこと、といった特徴をもつ。本章では、このような特徴が、いかなる思想的な文脈の中で形成されたか、いかなる思想からの影響とその内在化によって構築されていったかを明らかにする。

新教育への批判という動機

　戦後、保問研を再建した乾にとって、第一の課題は、アメリカから輸入されてきた教育観のもつ「生物学主義」を批判することであった。乾は述べる。「人間は動物だ、ということに力点を措いて、というより何しろ生物として扱うということが一番科学的だというので、他の動物と共通に持っている生命保持のための生物学的基本的欲求から人間の行動を理解していく。これがアメリカ流のやり方」であるという(乾　1975：176)。「生物学的基本的欲求」という「内因、内部法則」のみに依拠して人間の行動を説明しようとするのは、「生物学的偏向」であり、「人間から歴史を捨象しようとする立場」なのである(乾　1975：184)。

ここで先取りして述べられているように、人間と動物を弁別するものは、「歴史」の有無である。乾にとっての人間は、歴史的動物であった。

　乾が批判する「生物学主義」は、別のところでは「心理学主義」とも呼ばれる（乾　1975：162）。「心理学主義」が批判されるのは、それが歴史性や社会性に対しての認識を欠如させているためである。「人間を生物あつかいするアメリカの心理学者」（乾　1975：162）たちは、子どもを、歴史の中に位置づけて捉えること、集団の中に生きる社会的存在として捉えることをしていない。「生物学主義」と結合した心理学を、「教育基礎科学の中に位置づけたのはアメリカの教育使節団の考え」であり、戦後の新教育、経験主義的カリキュラムの流行の中でひろく普及した（乾　1975：162）。この傾向を、乾は子どもを「自由」にさせる「生物学主義的放任主義」と呼んで批判しているのである。

　史的な「唯物論」に立つ乾は、教育を「歴史を築くこと」だと考える。それと関わって、「子どもの発達をどう見るかということは、歴史をどう見るかということに深く結びつかざるを得ない」（乾　1975：167）。そうであるならば、「教育をするのには、たとえば経済学とか歴史学というのがもっと基本」になってくるはずである（乾　1975：162）。教育基礎科学は、歴史、経済を把捉できる社会科学的な知見に基づいて作り上げられなければならない。「保育者が勉強するというと、すぐに心理学の勉強をする」というような傾向を批判して、「心理学の勉強はいちばんあとでいい。やはり政治とか歴史とかを勉強するべきだ」（乾　1981：148）と彼は訴える。

　乾にとって、「子ども」とは「歴史の中で育ちながら、結局は私たちの歴史を越えていく人たち」として位置づけられる（乾　1981：145）。「歴史」の影響を受けることなく、子どもが発達することはありえない。ところが、この「歴史」によって、子どもの発達は完全に決定されるというような宿命論も、乾は退ける。乾にとっての宿命論、あるいは決定論とは、第一に、遺伝による決定論である。乾は、1953 年当初は、トロフィム・ルイセンコ(1898-1976)の遺伝学について言及しながら、遺伝が生活条件によって「変革」されることを強調している（宍戸・阿部編著　1997：208）。同様に、子どもを現在の社会の中で、権力

が要求するような形に押し込んでしまう「統制主義」もまた、社会制度による決定論として批判されることになる(乾　1972a：557)。

「伝えあい」の原型としての「相談型」コミュニケーション

　戦後、アメリカから紹介された思想で、乾が強く批判するのは、経験主義教育だけではない。アメリカ流のコミュニケーション理論に対しても、同様に厳しい批判の矛先が向けられる。乾によれば、それは「命令的コミュニケーション」(乾　1972b：33)ともいえるもので、「上意下達」型のコミュニケーションを当然視しているという(乾　1972b：48)。

　「アメリカのマスコミの研究は、「送り手」という方から「受け手」へすっと一本筋に、一つの話が通じないかということばかり言っている」(乾　1972b：33)。ここで批判されているのは、あるメッセージが、送り手から受け手に対して、内容が変わることなく弾丸のように飛んでいくようなコミュニケーションである。乾にとって、これは真に人間的なコミュニケーションのあり方ではない。このようなコミュニケーションのタイプを、乾は「命令型」と名付ける。

　それに対立するようなコミュニケーションのタイプを、乾は「相談型」のコミュニケーションと呼んで区別する(乾　1981：58)。「相談型」のコミュニケーションこそが、育児、保育、教育の営みに必要とされるコミュニケーションの型である。「先生から子どもたちへ、一方的に命令型で教えこむのではなく、子どもたちの中の伝えあい、先生と子どもの間の伝えあい、先生とおかあさんの伝えあい、それがみんな相談型であるように、という姿勢を表す」ことが求められる(乾　1981：73)。戦後導入されたアメリカの経験主義教育と、その裏付けとしての心理学は、子どもを歴史的存在として捉えないで、子どもを個体的な存在として捉え、コミュニケーションを一方通行の伝達型のものとして捉え、子どもの集団の中での他者との対話というコミュニケーションを等閑に付すなどの特徴をもっていた。これら2点を、乾は批判しているのである。

　それに対して、「伝え合い」は、「人間だけに許された伝え」(乾　1976：133)

だとして、それを人間の条件として彼は位置づけている。「Aから BをくぐってAへ、BからAをくぐってBへ、という型でA・Bの関係が、語り合ったのちに、お互いに一歩前進する、これが「伝え合い」というものの意義」（乾 1976：134）と言われていることからも分かるように、相互的なコミュニケーションの過程を経て、そこに参加するものが「お互いに」変化することが「伝え合い」の本質なのである。この過程は、「語りかけた人の水準に、語りかけられた人が並ぶのではなくて、いつもそれを追いこしていく、語りかけたほうがそれを追う、そこで歴史を進めることができ」るという、弁証法的な進歩のプロセスとして捉えられている（乾 1976：135）。彼によれば、「みんなといっしょに認識し、みんなと相談し、みんなと協力するという生き方こそが、そこねられてはならない「人間性」」なのである（乾 1972a：557）。

伝達型コミュニケーションと対極をなすものとしてのパヴロフ学説

「伝えあい」、言いかえれば「相談型」のコミュニケーションが可能になるのは、人間がもつ言葉というユニークな信号によって可能になると乾は言う。そのアイデアを、乾はイワン・パヴロフの信号理論から取り出している。パヴロフに倣って、乾は、人間のコトバは「第二信号」だという（乾 1981：111）。「第二信号」とは「信号の信号」ともいうべきもので、間接性を特徴とする信号系である。「言葉はまず、ものを代表するということ、しかし、それはただ指示するだけではなく、いまそこにないという自覚をともなったままでこれを再現する、しかもそのものの大事な側面を代表再現するということ」を特色としている（乾 1976：73）。

乾は、言葉が、不在のものを、不在のまま代理表象することの重要性を述べている。現前するものを捉えるのは「第一信号系」である。言いかえれば、第一信号系は、現前するもの、現在から切り離すことはできない。それをコトバという、「自分の頭の言語系」、すなわち第二信号系につなぎとめることによっ

て、他者との共同的な理解の中で、物事を認識していくことができるようになる。事象から、時間的、空間的に距離をとるということ、言いかえれば、思考の間接性を、人間はコトバによって獲得するのである。

　言葉が、事象のくびきから解放されることによって、言葉と言葉同士の関係づけによる思考実験が、自由に行えるようになる。「コトバというものが、どういうふうに役に立つかっていうと、コトバというのは、ひとつの体系として、関係づけられているから、それで、あるものの名前を知ると、そのものを他のものとの関係で見直すことができる」ようになる（乾 1981：75）。その点において、コトバは、「認識の枠組」だということができる（乾 1981：114）。「子どもたちは、語イ、文法・論理と同時に、その社会で支配的なコミュニケーション様式を身につけ、それによって向後の思考運動を支え、ないしは制約される」のである（乾 1972a：43）。

　しかも、言葉は、他者と共有可能なものである。言葉を他者と共有するということは、言葉に凝縮されている思考や認識の枠組みを、他者と共有するということである（乾 1972a：142）。

　　人間の反映活動は、第二信号系を通じて他者の体験をくぐってする現状認知である。だから現状認知そのものが、すでに、社会的な基礎をもっているのであって、その一環として生起する人間の欲求生活は、生物学的なものに、社会的なものが重なるのではなく、もともと社会的な系譜につらなる願望でなければならない。

　他者との認識枠組みの共有は、他者との「相談」すなわち対話が可能になるための条件でもある。乾は以下のように述べる（乾 1981：76）。

　　コトバは物事を関係づけることができる。また、みんなに共有されているから、それは、相談の仲立ちになる。相談の仲立ちになるってことは、やがては、そこにいない人と、そこにまだないものについての相談ができるということでもあるし、もう一歩進むとそこにいない自分との相談、つまり考えるというところまで進む。

言葉による「伝えを媒介に、現在をのりこえるのが人間の本性」(乾 1972a：142)だと乾は捉えている。「一人の人間でも何時も自分の現在を追越してゆく」というような自己超越こそが、人間の本性なのである。その自己超越は、歴史的存在であることによって可能となり、現在を相対化し、過去を認識することは、言葉によってはじめて可能になる。自己超越的な存在としての人間の本性は、まさしく、言葉によって支えられているものなのである。

　言葉を獲得することは、「ちがった時間・観点における自分、ちがった立場にいる他人の間で、そのちがいをこえて相互の体験を交換することを可能」にさせる(乾 1976：73)。これが、「祖先」を含む、歴史上の他者との交流を可能にする、言葉の本質的な機能のひとつとされるのである。

　乾にとっては、コトバは、単なる思考の原基にとどまることなく、歴史の流れのなかで、そのコトバを話す集団(その総体を乾は「民族」と呼ぶ)の思考形式や文化のパターンを沈殿させているものである。いわば「民族のコトバは、その民族の生活を軸に照らし出された客観法則の反映」なのである(乾 1972a：42)。このような言及は、乾が、ヨシフ・スターリン(1879-1953)の言語学、すなわち 1950 年の論文「マルクス主義と言語学の諸問題」の意義を認めていることの表れであると考えられる。乾によれば、スターリンの主張は、「コトバは上部構造としては割り切れない」ということ、「革命が起ったって母国語は変わりはしない」というように要約できる(乾 1975：112)。コトバの「イデオロギー的な側面」だけを問題視していたそれまでのマルクス主義的な言語論と、言語は「資本主義制度にも社会主義制度にも同じように奉仕しうる」として、言語の「中立性」(乾 1975：113)、あるいは道具的性格を主張したスターリンは一線を画している。乾によれば、「イデオロギー」としてのみコトバを捉えるのではないというこのような見方が、パヴロフの言語学説が再評価されるに至った原因である(乾 1975：113)。

　このように、言葉の特質をその社会性と歴史性に見て、かつ、言葉の獲得を人間の本質と捉えるならば、そこで言う人間の本質は、コトバによる歴史性、社会性の獲得にあるということになるだろう。言葉が、遺伝によっては獲得さ

れえず、歴史的な発展過程の中にある、一つの社会のなかで子どもが獲得して
いくものであるとするならば、生まれてくる子どもの中には、人間の本質を充
たす実質は、あらかじめ含まれていないということになる。このことは、乾が、
比較動物学者であるアドルフ・ポルトマン(1897-1982)による生理的早産説を認
めていることから明らかである。「ポルトマンは人間という動物は歴史法則に
仲だちされなければ人間にならないといいます」(乾　1972a：365)。その上で彼
は次のように述べる。「人間の子どもたちは、他の高等哺乳類の子と違って、ま
ったく未発達なまま生れてくる。だから、環境との交渉はすべてまわりの成人
たちによって媒介されなければならない。しかも成人たちによって媒介される
ものは、その時点における外界の諸条件ではなく、成人たちによって予測され
た─いわば「未発」のものなのである」(乾　1972a：196)。同様のことは、心理
学における実証主義的方法論を堅持したとして乾が評価するパヴロフからも示
唆されると彼は述べる。パヴロフの学説によって、「子どもの成長を、他の動物
の成長から単純に類推する誤り」、彼の言葉で言えば「生物学主義」的な誤謬を
避けることの重要性が気づかれるのである(乾　1972a：555)。「人間の子の大脳
皮質は、回りの話し合う成員で結ばれた社会につなぎとめられなければ、正常
にはたらかない」(乾　1972a：556)というのである。

他者とのコミュニケーション過程の内面化としての思考

　乾による「言葉主義」に対する批判は大変厳しい(乾　1976：145)。「言葉によ
って、いかなるイメージを呼びだすこともなく、われわれの体験の痕跡を、そ
の言葉にからみつけることもなく、一定の音のあとに他の音がつながっている、
その流れをよどみなくつづける練習をさせたにすぎない」(乾　1976：146)。「体
験の痕跡」、いわばイメージを伴わない言葉による教育は、「言葉だけのつめこ
み教育」として批判されるのである。
　パヴロフの説によれば、「コトバは要するに「信号」にすぎない」(乾　1972a：
558)。言いかえれば、「コトバの中に真実がカンヅメになっていたりするのでは

なく、相手の体験の中にあるものを、この信号が呼びさます」(乾　1972a：558)。あくまで、第二信号系としての言葉の機能は、ここでいわれるような触発作用にあるのであって、言葉の獲得それ自体を物象化して目的化するのは逸脱だということになる。

　第二信号系は、「体の中の体験」すなわち「第一信号系」の条件結合に接続されなければ意味を持ちえない(乾　1981：115)。このことを、乾は次のように述べかえている。「いいかえることができるとは、受け手がはじめからもっていた言葉の系の中に、いま聞いた文句がはいってきて、それを受けた人間の大脳にきざみこまれたいろいろの体験をくぐって、それがふたたび自分なりの言葉系によって組み立てられた答えがでてくるということ」、「体験の意味づけもかわり、かわったことが、自分の言葉系で確認される」ことである(乾　1976：138)。

　乾にとって、人間の思考とは、「心の中での、そこに居合わせない仲間たちとの談合」に他ならない(乾　1981：113)。その「談合」のテーマは、眼前にあるものに限定されることはなく、不在の対象にまで拡大していく。「そこにいない人と、ないものについて語り合うことが、実は、私たちが考えるということの基本」である(乾　1981：26)。このように、不在の他者と、不在の対象について対話できるようになることを目指すのが、思考の発達に対する援助なのである。

　「伝えあい保育」は、「心を割った話しあい協力の体験を幼いうちから培い、この原型が子どもの心に移って、とことん人間を信じて考えぬく姿勢をつくることを狙いにしている」(乾　1981：113)。つまり、幼少期の集団内における「伝えあい」は、いわばレフ・ヴィゴツキー(1896-1934)のいう「外言」として捉えられており、これが発達につれて、個人の思考過程として内面化されると乾は考えているのである。「内なる仲間関係、信頼関係」の充実が目指されるのである(乾　1981：113)。

　「子どもの心の発達」においては、「頭の中にどれだけ大勢の相談相手を呼びだして、どれだけ上手に相談ができるようになるか」が基本となる(乾　1975：36)。それは、「自分の内なる仲間」を豊かにすることであり(乾　1975：44)、大人になってからは「自問自答する」ことである(乾　1975：112)。その自問自答

は、自己対話と言ってもよい。それが思考なのである。「憶えるとか、考えるということは、現在の自分と過去、未来の自分とが統一されていることが必要であっていつでも過去の自分の証言を求めるためには、その過去の自我との不断のコミュニケーションが必要であり、そういう時間空間を異にした自分がやはり他者であるとすれば、それだけでも考えるということ、言語系を使って記憶をするという作業が、社会的ではないとはいえない」（乾 1975：183）。自己対話としての思考のモデルになるのが、「その子どもをとりまくまわりでの話のしかた」なのである。発達とは、他者の内面化、それも、他者との仮想的な対話の内面化だと乾は捉える。成長後、「自問自答」の過程、すなわち思考様式が豊かになるためには、幼児期に、質の高いコミュニケーションの基本型を、「組織された仲間集団」におけるやり取りの中から、多くを取り入れて内面化しておかなければならない（乾 1975：112）。

　このような集団のモデルとして、乾が念頭に置いているのは、戦前から戦後にかけての生活綴方運動の実践であった。「「生活綴方運動」のねらいは、自分や親たちの生活をジックリと正面から見つめて、綴方に書いてみんなで読みあって確かめあうということ」にあった（乾 1981：81）。「生活綴り方運動の刺激もあって、幼児の中で綴方を書かせることはできないけれど、言葉によって認識を進めてゆくためにはどういう手掛りがあるかということを考えていくのに、「お話作り」というようなやり方が工夫」された（乾 1972b：34）。ところが、これは目立った成果を挙げずに終わっている。この反省の中から、1950 年代の後半から、「話し合い保育」を目指していくという動きが現れてきたのである。生活綴方の実践においては、「子どもたちといっしょに、自分たちが足をつっこんでいる生活をきちんと見直して、それを文章に定着して、みんなのものにしていこうとした。それを表現することが認識であったし、そうやって認識することが、生活の姿勢をきちんとさせることでもあった」（乾 1981：81）。生活に対する共同の認識の深まりが、生活態度を更新するというのである。

「伝えあい保育」がもつ集団主義的性格

　乾自身が、「伝えあい保育は集団主義保育だといってもよい」と述べているように、「伝えあい保育」における、集団の意義はきわめて大きいものがある(乾 1981：116)。「伝えあい」は、集団の中においてこそ可能になる。「教育は要するに「伝え合う」ことだし、その伝え合いが効率よく行われたところに集団の第一のねうちがある」(乾 1972a：141f.)。既にコトバの働きについて見たのと同様に、教育を、相互的なコミュニケーションの過程と捉えるならば、教育的な営みは必然的に、他者との関係性の成立を前提とするものということになる。言いかえれば、教育は、何らかの「集団」の中で、それを介して行われるような営みだということになる。この集団は、そもそも、あらかじめ子どもたちが巻き込まれ、包含されているような社会的な関係性というより、教育的な営み、すなわち「伝えあい」の中で不断に形成され続け、更新され続けるような関係性である。ただ、集団とは、あくまでそれを創ることが目的となるようなものではなく、「集団の力」によって、「子どもたちの人格発達を援助」することに力点が置かれている(乾 1981：116)。言いかえれば、集団は、あくまで、子どもたちが成長するための場、培地なのである。「ぼくたちが子どもたちにつけてやらなければならない、自由への力というのは、みんなでやりとげる自由」なのである(乾 1981：32)。集団を構成し、組織的に行動する力能を身につけることこそが、乾が目指しているものなのである。そのためには、まず集団の中で連帯するという体験のひな形を、子どもたちに体験させなければならない。「集団保育というのは、子どもたちに、見やすい形で連帯を経験させること」(乾 1981：133)に眼目があるのである。それをもとにして、「子どもたちはだんだんに、目の前にいない人との連帯感をもつところまでぬける」(乾 1981：133)。ここでは、現前しない他者との連帯までもが視野に入れられている。

　乾の集団に対する認識は、ソヴィエト連邦の教育家マカレンコに多くを負っている。マカレンコにとっての「集団」は、「上から押しつけられてきた枠ぐみに子どもたちをあわせる手段」ではなく、「子どもたちの条件をひろげるための

スクラム」として捉えられる(乾 1972a：576)。統制的手段としてではなく、内発的な他者への志向の結果として生じてくるような集団性をマカレンコは重視していたと、乾は捉えているのである。「子どもたちのために、少しでもその条件をよくするための協力を同僚や父母と組むことと切りはなせない形でのクラス経営が集団主義のかなめ」だと乾は述べる(乾 1972a：577)。

　「停滞は集団にとって死だ」というマカレンコの言葉を乾が引用していることからも分かるように、集団はつねに、環境との相互作用を経ながら自己変革していくようなシステムなのである(乾 1972a：577)。「「子どもの生活をつくる」ということは、みんなと力を合わせて、肩をならべて、自分たちの課題を見渡すことのできる姿勢と、それを、いっしょに解決していくことのできる相互信頼と、それから、みんなの中で、一役買うことのできる力量を身につけてあげること」に他ならない(乾 1981：85)。そしてその自己変革的なシステムの中において、子どももまた、自己変革を遂げていく。「マカレンコは、子どもたちがその場その場で偶然抱く衝動的な欲望を、その子どもの人格の中心におくようなことをしない——子どもの中の、もっとも尊敬すべき要因は、その子ども自身の発展への可能性」だとされるのである(乾 1972a：579)。

　さらに、この集団の中にいる保育者は、集団の変革(それは「伝えあい」の深まりでもある)と無関係にいることはできない。「集団主義をいう場合、指導者の集団内での自己変革をぬきにすることは、全く意味がない」(乾 1972a：128)のである。児童心理学者アンリ・ワロン(1879-1962)のいう「教育は、教師と子どもの相互変革」であるという理念は、伝えあい保育においても、共有されているのである(宍戸・阿部編著 1997：218)。

自己変革から社会変革への昇華：湯川和夫の民主主義論からの影響

　東京保育問題研究会の「生活と権利」部会における、湯川和夫編『民主主義と現代』(青木書店、1976年)の読書会から触発されて、乾は、「伝えあい保育」のミクロレベルでの実践を、メゾ・マクロレベルでの変革、すなわち社会変革

へと昇華させていくみちすじについて、考察を深めてゆくことになる。

『民主主義と現代』の編者であった湯川は、社会思想史研究者であり、法政大学社会学部教授を勤めていた。湯川は、いわば乾の同僚である。湯川は、1915年に大阪に生まれ、1940年に東京帝国大学文学部哲学科を卒業後、雑誌『改造』編集部勤務を経て、戦後、日本大学、二松学舎大学等で教鞭をとったのち、1951年より法政大学に奉職、同大社会科学部の教授を務め、1987年に定年退官している（没年不詳）。その湯川の民主主義論に触れた乾は、保育の目標が、民主主義を担う人間の育成にあるとして、その理論化を図っていくのである。

湯川は、「民主主義とは何か」と題された論考の中で、民主主義を「人民のたたかい」だとしている（湯川 1976：3）。そして、湯川は、「民主主義」を、「人民のたたかいとしての民主主義」、「手続・制度としての民主主義」、「思想としての民主主義」の三つの側面からなるものとして捉えている（湯川 1976：4）。思想というソフト面、手続・制度というハード面に、「たたかい」という運動論的側面が加えられ、これが、前の二つの側面を「実質化」するものとして位置づけられている。

「思想としての民主主義」は、〈主権は人民のものであり、人民のものでなければならない〉とする「人民主権の思想」である（湯川 1976：7）。その思想は、人間は生まれた時から等しく平等であり、「生命、自由、および幸福追求の権利」をもつとする自然権思想、ヒューマニズムの思想ともいえる（湯川 1976：9）。この「自然権」という理念に対しては、湯川によって、「基本的人権」との相違点が指摘されている。「基本的人権」が、主には〈個人〉としての人間の権利を言い表すのに対し、「自然権」は〈人民〉としての人間の権利だという含意がある（湯川 1976：10f.）。すなわち、「自然権」は、集団としての、複数の主体にかかわるものであると湯川は捉えているのである。

さらに、人民主権の思想は、「主権は人民になければならない」とする、当為あるいは規範的な捉え方をされる場合と、「主権は人民にある」とする、存在あるいは記述的な捉え方をされる場合がある。「国家の制度としての民主主義」は、「憲法と法律」によって規定されている（湯川 1976：14）。しかしながら、それ

らの「国家の諸制度・諸機関が、制度的・法律的にどのように規定されている
かということと、どのように運営されているか、その実態がどうなっているか
ということは、はっきり区別されなければならない」（湯川 1976：18）。という
のも、制度や機関は、「わたしたちの権利と自由をまもるたたかいの武器」にも
なりうるし、同時に、「支配階級とその政府が人民の権利と自由を、あるいは生
活と行動を制限し、圧迫するための手段」としても使われるからである（湯川
1976：14）。この「二面性」に気付き、前者の意味において制度・機関が機能す
るように、「民主主義の実質化」を行うことが求められるのである。この「実質
化」を支える前提・条件になるのが、「方法・手続きとしての民主主義」である
（湯川 1976：23）。その原則は、「暴力と強制」を避け、「教育と説得」の方法を
とることである（湯川 1976：24）。

　以上をまとめると、湯川にとっての民主主義とは、人民という複数の主体を
包含する集団の、民主主義を「実質化」しようとする運動によって支えられる
ものである。その運動は、「教育と説得」、または「言論の尊重」といった原則
に従う、言葉を介した営みによって展開されると考えられている。

　湯川は、別の論考では、民主主義を「人民のたたかい」という側面と、「方法・
形式・制度」としての側面を区分して捉えたのと同様に、権利もまた、二つの
側面に着目して分類している。湯川によれば、権利は、「思想上の権利」と「法
律上の権利」の二種類がある（湯川 1977：180）。思想上の権利が本来的であり、
そのうえに法律上の権利は成り立つ。ただし、「法律上の権利」として制度化さ
れた権利が、どれほど「実質的に保障されるか」は、ひとえに「人びとの権利
の自覚と権利を守るたたかいに依存する」。すなわち、制度は制度のみで自存す
るのではなく、たえず、主体による実質化、言いかえるならば賦活、生き直し
が求められるものだというのが、湯川の民主主義観であり、それを支える権利
思想であったといえる。

　「権利」という概念と、「民主主義」という概念のそれぞれを、その形式的・
制度的側面と、それらを実質化するプロセス、いわば運動的側面の二面性にお
いて捉え、その両者を区別するという湯川の発想は、実は 1959 年刊行の湯川

の単著『社会思想史』(青木書店)において、既に明瞭に見出すことができる。その冒頭で湯川は、「人民の権利と自由を要求・主張する民主主義の思想」と、「人民の権利と自由とを一定のわく——議会・法律・選挙・その他の制度——のなかに閉じこめ、制限する形式的な民主主義の思想」を区別している(湯川 1959：13)。湯川にとっては、民主主義の形式的側面、すなわち「方法としての民主主義」は、「目的としての民主主義」、言い方を変えれば思想としての民主主義(人民主権)のための、あくまでも「手段」に過ぎない(湯川 1959：213)。方法としての民主主義が制度化されているからといっても、目的としての民主主義の実現へと近づいていると断言することはできない。それと同時に、方法としての民主主義それ自体が、「目的」化してしまうことがあってはならない。

　湯川の目指すところは、「体制としてのブルジョア国家における民主主義の形骸化とたたかい、民主主義に実質的な内容を付与するとともに、民主主義の制度と形式をいっそう拡大・発展させるためには、人民内部における民主主義の形骸化を克服し、人民内部の団結と統一を固め」ることにある(湯川 1959：202)。そうだとすれば、「人民内部の民主主義」はどのように確立されるのだろうか。この問いに対する答えとして、湯川は毛沢東(1893-1976)を参照しつつ(湯川 1959：203)、次の三点を条件として挙げている。第一に、人民の内部において、民主主義と自由が保障されていること。それによって、人民の積極性とエネルギーが有効に発揮できるという。第二に、人民に対して、民主主義の有効性を理解させ、「民主主義の形式と方法」に習熟させる指導性が必要であるということ。そして、第三に、その指導性を発揮する「幹部」に対して、絶えざる「監督と批判」が行われることである。この「人民内部の矛盾」に着目し、指導と大衆との「結合」を図ることこそが、湯川の言う民主主義の「実質化」なのである。

　以上みてきたように、湯川にとっての民主主義は、理念上、思想的な側面と、現実的な側面の二面性を持つ、重層的なものであった。湯川は、この二重化された民主主義に対する認識に基づき、望ましい民主主義的組織を、その形式的・制度的側面と、それが硬直化・物象化する危険を避けるために、絶えざる実質

化を図る運動的側面の両面において捉えている。

　このような湯川の見解は、乾の保育構造論の中に、見事に翻案されて摂取されている（乾　1981：11）。その際、乾が特に重視しているのは、「制度の実質化」、絶えざる生き直しのプロセスを、保育実践の中に構造化するということであった（図1−1）。

　そこで、乾は、子ども集団のなかに、二つの「矛盾」を見出す。第一に、民主主義的な子ども集団という時の、形式的・手続き的側面と、その実質的側面との間の「矛盾」であり、第二に、子ども集団のなかにおける、リーダー(指導者)と、それ以外の子ども(大衆)との間の、意識と行動における「矛盾」である。この二つの矛盾を克服しうるよう、保育を構造化することが、乾における課題であった。子ども集団におけるこのような「矛盾」を意識化することができるのは、乾が、湯川の民主主義論から、民主主義的集団のもつ二重的性格というアイデアを得たからに他ならなかった。

　乾は、湯川のいう民主主義の三つの側面、すなわち「人民のたたかい」、「思想」、「手続・制度」を、それぞれ、保育における「遊び」、「課業」、「仕事」に当てはめる（乾　1981：121）。これらの三要素のうち、「中心」に位置づけられるのは、湯川において「人民のたたかい」として捉えられているものである（乾　1981：123）。乾においては、子どもにとっての「たたかい」とは、「遊びという共同実現」だとされる

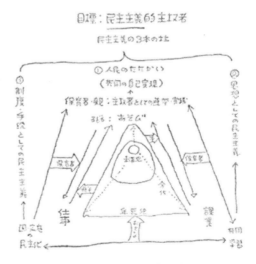

図1−1　乾の保育構造図
〔乾（1981：124）による〕

（乾 1981：123）。「みんなで、自分というものをできるだけ発揮する、そのための努力」によって、「遊び」は活性化する（乾 1981：149）。乾の保育構造の中で「遊び」は、最上位に位置づけられている。そこから保育者は、「課業」に持ち帰るもの、仕事に導入するものを選び出す（乾 1981：126）。

　「課業」には、いわゆる「保育内容」の領域が含まれる。「課業として習ったものが、遊びの中に流れ込んだときに、初めて子どものものとなる」（乾 1981：129）。保育者の意図に基づく実践は、子どもたちの共同的な遊びの中に再現され、発展させられる。ここにおいて、初めて、「課業」、すなわち保育内容が、子どもたちの生活の中に内在化されたということができるだろう。

　第三の「仕事」は、「労働」と呼ばれてきたものであり（乾 1981：133）、ここには生活指導的な働きかけ、例えば「クラス運営」などが含まれる（乾 1981：174）。「仕事」とは、共同の自己実現である遊びの努力を、「制度・手続き」として定着させたものであるともいえる（乾 1981：150）。

　これらの、やや特徴的な保育の三要素は、乾が保育目標を「民主主義的主権者」の育成においていることから生まれている。ただし、低年齢児の場合には、この三要素は未分化な状態におかれ、互いに融合しているが、成長とともに、お互い分化してくると考えられている（乾 1981：154）。

　乾の提案の根底には、子どもたちが生きる社会的現実が、（間接的でなく）直接的に、大人の生活、および意識を通して子どもたちの発達に関わっているという認識がある（乾 1981：121）。保育内容の側面においては、子どもたち自身による内在化、生活化の過程を、保育者はつぶさに観察し、それを保育計画にフィードバックさせていかなければならない。「子どもと同じ床の上に立って、自分の保育プランが、子どもにどう受け入れられたかということを、平らな気持で受け取りながら、軌道修正していく」ことが、保育者には求められるのである（乾 1981：35）。

　同時に、保育の終局的な目標が「民主主義的主権者」の育成にある以上、子どもたちの営みの周囲を、保育者が取り巻いているわけだから、保育者自身も、民主主義的な制度・手続を、「園内民主主義のための働き」を通して、不断に創

り上げなければならない(乾 1981：127)。具体的には、同僚との共同学習の中で「民主主義の思想」についての理解を深め、「主権者としての生活」を反省的に捉えなおしていく中で、「今の社会の矛盾」をはっきりと見据えなければならないと乾は説くのである(乾 1981：127)。

　本章の前半で見たように、乾の人間理解は、(彼自身の「生物学主義」批判にもかかわらず)きわめて生物学的なメタファー(隠喩)を多用するものであった。そして、その生物学的なメタファーは、「異端としての人間」という自画像を描き出す際の地となっている。「異端動物としての人間」の把握の仕方は、社会的存在、関係的存在、あるいは集団的存在としての人間性の把握と、(奇妙な形で)カップリングしているのである。

　彼は、ポルトマンの生理的早産説に言及しながら、乳児の「無能さ」に人間の動物としての独自性、唯一性の根拠を求める。ところが、この「無能さ」という独自性を、今度は社会学的な人間性の前提として位置づける。すなわち、人間の乳児は、「無能さ」ゆえに他者を必要とする存在であり、他者との関係性を、言語を介して内化することによって、「(対自的)思考」という更なる人間の独自性(他の動物と比較した際の)が生じてくる、というのである。言語の獲得による思考が、人間を他の動物から分かつ条件と見なす発想が、乾の人間観の中核をなしている。

　思考による内面世界の形成は、現在の相対化を可能にする。そこから、社会環境を変革しよう、という意図が生じてくる。というのも、社会環境と自己との関連も、言語と、それが産みだす思考によって相対化=異化することができるからである。現状を絶対視してそこに安住することなく、他者と共にその不断の変革を企図し続けるような主体を、乾は民主主義的人格とみなした。自己と、それが位置づく環境としての社会(関係性)を、言語と思考を通して相対化し、変革していく主体の萌芽を促す営みとして、保育が位置づけられるのである。このような、制度と思想、制度の「たたかい=運動」による実質化のプロセスが、制度と思想の双方にとって重要であるという認識は、社会思想史研究者の湯川和夫から示唆を受けて抱かれるようになったものであった。子どもの主体化に

よる制度・規範の絶えざる実質化という乾の主題が、湯川が示した民主主義下の市民の自己主体化の過程とオーバーラップしていることは見落とされてはならないであろう。

　ただ、われわれは最後に、乾が理論化を試みた当時と、現在との間にあるギャップにも、注意を向けておかなければならない。そのギャップとは、保育を、社会変革の培地とみる発想に関わるものである。保育内容、およびそれを支える保育制度に、それを取り巻く社会構造が反映しているという前提がなければ、保育を変革することが、社会変革の運動へと発展してゆくとは言い切れないであろう。保育が、社会の縮図であるという想定、社会が矛盾を抱えているがゆえに、保育もその矛盾を内包しつつあるという前提こそが、不断の変革の過程として保育を構想する際には不可欠だといえるであろう。乾は、いわば、保育の変革、あるいは変革的な営みとしての保育を、不断の社会変革としての民主主義の、いわば未分化の原基・母胎と捉えていたのである。彼にとっての保育と、民主主義社会は、相同のものだったのである。

　ただ、「人民としてのたたかい」という社会レベルでの実践を、保育における「遊びという共同実現」と同型のものとして捉える認識は、今日のわれわれからすれば、突飛なものと感じられるのではなかろうか。「遊び」を「たたかい」の同義語とする乾の感覚は、われわれにはすでに失われているのである。それは、実現するべき理想や価値が、何らかの統一的・複合的な力によってゆがめられ、奪われつつあるという危機感を、われわれが失くしたということなのかもしれない。「たたかいとる」対象が、「社会」の領域にあり、「たたかい」の相手が、共有的に認められているという前提がなければ、「たたかい」という言葉を、自己変革と、その積分としての社会変革を表わすものとして読みとり、理解することはできないであろう。

　繰り返しになるが、「たたかい」を、主体性の発揮と同義で扱う感覚の背景には、本来あるべきものが「奪われている」という疎外の意識があったと考えられる。人間本来のあり方（類的存在であること）を失いつつあるという剥奪に対する感覚は、現在を相対化する「理念・思想としての民主主義」を内面化して

いる限りにおいて生じてくるものであろう。

　本章において見てきたように、乾の「伝えあい保育」論の核心には、保育の場で形成される他者との関係性や行為の枠組みは、「民主主義社会」へと「分化」を遂げていく原基であるとする発想があった。この発想は、保育の実践・展開を、未分化な民主主義の学習・実践過程であるという考え方だともいえる。乾は、このように、ミクロの保育実践と、マクロの民主主義的実践との間に、同質性・相同性を見出していたのである。

　それゆえ、今日、乾の保育思想を読みなおすということは、われわれが向き合う保育というミクロの 場（トポス）が、その外部にあるマクロの政治的実践の場と、どのような生態学的布置をなしているのか、ということを自らに問いかけることを意味しているのである。

第1章の参考文献

浅井幸子「東京保育問題研究会における「伝えあい保育」の成立と展開：乾孝の「伝えあいの心理学」との関係に着目して」『東京大学大学院教育学研究科紀要』57、2017年。

天野章『つたえあい保育の展開』（実践保育学講座 3）、文化書房博文社、1972 年。

乾孝「子どもの成長と芸術」『芸術と教育』（岩波講座現代教育学 8）、岩波書店、1960年。

乾孝『乾孝幼児教育論集』風培社、1972 年 a。

乾孝『伝えあい保育論集』新読書社、1972 年 b。

乾孝『表現・発達・伝えあい』いかだ社、1975 年。

乾孝『児童心理学入門』（増補新装版）、新評論、1976 年。

乾孝『伝えあい保育の構造：未来の主権者を育てる保育』いかだ社、1981 年。

乾孝・天野章『保育のための児童心理学』博文社、1953 年。

浦辺史『日本の保育問題』ミネルヴァ書房、1963 年。

小川太郎『教育科学研究入門』明治図書出版、1965 年。

宍戸健夫『日本の集団保育』（実践保育学講座 1）、文化書房博文社、1966 年。

宍戸健夫『保育実践をひらいた50年』草土文化、2000年。

宍戸健夫・阿部真美子編著『保育思想の潮流』(戦後保育50年史：証言と未来予測第1
　　巻)、栄光教育文化研究所、1997年。

勅使千鶴・亀谷和史・東内瑠里子編著『「知的な育ち」を形成する保育実践：海卓子、
　　畑谷光代、高瀬慶子に学ぶ』新読書社、2013年。

東京保育問題研究会編『保育問題の20年(1)：会報巻頭論文集』博文社、1972年。

東京保育問題研究会編『伝えあい保育の25年：東京保育問題研究会のあゆみ』文化書
　　房博文社、1983年。

橋本宏子『戦後保育所づくり運動史：「ポストの数ほど保育所を」の時代』ひとなる書
　　房、2006年。

畑谷光代『つたえあい保育の誕生』(実践保育学講座2)、文化書房博文社、1968年。

ポルトマン『人間はどこまで動物か：新しい人間像のために』高木正孝訳、岩波書店、
　　1961年。

松本園子『昭和戦中期の保育問題研究会：保育者と研究者の共同の軌跡／1936〜1943』
　　新読書社、2003年。

矢川徳光『ソビエト教育学入門』明治図書出版、1963年。

矢川徳光・城丸章夫編『幼児教育』(講座日本の教育11)、日本出版社、1976年。

湯川和夫『社会思想史』(現代哲学全書14)、青木書店、1959年。

湯川和夫「民主主義とは何か：思想としての民主主義と人民のたたかい」湯川和夫編
　　『民主主義と現代』青木書店、1976年。

湯川和夫『個人・人民・人間：民主主義と自由』青木書店、1977年。

吉田直哉「「伝えあい保育」主要文献解題(1)：実践記録篇」『大阪聖徳保育・福祉論叢』
　　(22)、2017年。

吉田直哉「「伝えあい保育」主要文献解題(2)：理論篇」『大阪聖徳保育・福祉論叢』(23)、
　　2018年。

第2章　天野章・伝えあい保育のめざす
人間関係

異端の「保父」にして理論家

　本章では、保育実践家であった天野 章（1925-1975）の保育理論のうち、集団主義保育に関する言説を抽出し、彼の保育集団観、子どもをめぐる人間関係に関する認識を、彼の人間観、あるいは人間論に焦点を当て、明らかにする。

　まず、天野の略歴を概観しておきたい（天野章著作集刊行委員会編　1976）。天野は1925年9月に長野県で生まれ、その後東京で育った。1944年から終戦までの宇都宮陸軍飛行学校所属を経て、1948年に法政大学経済学部経済学科を卒業する。法政大学時代は同大教授だった心理学者・乾孝から薫陶を受けつつ、児童心理学、幼児心理学を専攻した。法大卒業直後から東京都北区立十条中学校教諭を務めたが、1950年に同中学を退職し、北区労働者クラブ保育園の「保父」となる。しかし翌年、日本共産党の党内闘争に端を発する労働者クラブ保育園紛争に巻き込まれ、同僚保育者であった畑谷光代らと共に同園を解雇される（松本　2013）。その後も、井之頭保育園等で保育者として勤務した。戦後当初は民主保育連盟の会員、1950年代以降は東京保育問題研究会（東京保問研）会員として活動する一方（1967年からは同研究会の機関誌『保育問題研究』の編集長を務める）、日本保育学会、日本心理学会を中心に盛んに研究発表を行った。保育実践研究の分野においては、東京保問研のスローガンでもあった「伝えあい保育」の理論・実践に関する考察を深める一方、保育者による保育実践の有効性を明らかにするための「交叉研究」の主唱者としても知られた（交叉研究とは、保育者の子ども集団への働きかけの影響と効果を確かめるために、普段とは異なる子ども集団に保育者が入るという、実践に対するアクション・リサーチの手法である）。晩年は日本女子体育短期大学、法政大学などで教鞭を執りつ

つも、重度のアルコール依存症に悩まされ続け、そのために 1968 年頃から悪化していた肝硬変のため、1975 年 2 月に享年 49 で死去した。同年 4 月、かつての同僚であり、東京保問研の会員でもあった畑谷光代が、天野の「遺稿集」の出版を提案し、「天野章著作集刊行委員会」が発足した。同会は 8 回に渡る委員会を開催、翌 1976 年に『保育その運動と研究：天野章のあゆんだ道』が刊行された(博文社)。

　天野が「保父」としてのキャリアをスタートさせた 1950 年代初頭には、戦後徐々に紹介が進んでいたソヴィエト連邦の教育学、心理学における集団主義に触れて大いに感化され、「マカレンコの著作物の安受け売りをして、やれ集団だ、教師の働きかけが保育では大切だなどという理論をふりまわして、他の保母さんから批判」されたという(天野 1972 はじめに)。しかし、彼はその批判に挫けてマカレンコ流の集団主義を捨て去ったわけではなく、保育における集団の意義というものを生涯にわたって探求し続けた。いわば、天野の保育理論の構築過程とは、主にソヴィエト連邦の集団主義教育学を、天野なりに消化し、集団主義保育学を構築する過程であったということができよう(例えば、天野は、法政大学生物生理研究室で助手をしていた島至らとともに、1956 年にソヴィエト連邦の児童心理学者アレクサンドル・ザポロージェツ(1905-1981)による心理学のテキストを翻訳・刊行している)。

　以下、本章では天野の構想する集団主義保育学の前提となる人間観、社会・集団に対する認識を明らかにしていきたい。

集団性を支える「コトバ」の獲得

　1950 年代、特に天野が東京保問研をベースとして理論的営為を開始した頃、特に天野が問題視していたのは、戦後アメリカから導入され、学校教育に一挙に普及した経験主義であった(この点は、前章で見た乾と同様である)。50 年前後の保育をめぐる議論の状況について、天野は次のように述べている。「一応戦前の訓育主義的保育観が否定され、子ども中心の保育観が主流を占めた」(天野

1971：353）。そして、「子ども中心」主義の急速な流入に棹さすようにして、ホーマー・レイン（1875-1925）らが提唱した「抑圧解放理論」の普及が見られた。抑圧解放理論では、「子供のもついろいろの欠陥は、抑圧によって矯正されるものではなく、その逆に、実に子供時代の抑圧の結果生ずる」ものだとする。抑圧を解放しさえすれば、子どもにおける欠陥は全て解消しうるとする短絡的な楽観論に天野は反発した。経験主義、抑圧解放理論、子ども中心主義、さまざまな名称で呼ばれるこれら戦後直後に一世を風靡した児童観の特徴を、天野らは「心理学主義」と名付けている（乾・天野　1953：22）。ここでいう「心理学主義」とは、「「心」の世界を大きくみすぎて、子供の成長にとってもっと大切な現実の問題がお留守になる傾き」のことである。ここで天野がいう「もっと大切な現実の問題」とは、ミクロからマクロ規模までの社会問題のことである。「心理学主義」と、生物・動物と人間の認識・行動の原理を基本的に同一のものとみなすような後述の「生物学主義」を共に含むのが、経験主義に他ならないと天野は見なしていたのである。

　50年代の天野にとって、第一の仮想敵は「経験主義保育」であり、それに次ぐ第二の仮想敵は、「行事中心主義を主体にした画一的、つめこみ教育」（天野1972：44）であった。前者に関しては、「経験学習」における子どもの見方、考え方のなかで、環境適応の面が強すぎることを天野は問題視する（天野　1972：229）。「子どもの経験や直観力は、コトバをぬきにして、それほど信頼がおけるものなのかどうか」。つまり、子どもの「経験」は、それ自体ナマのままでは、それほど確かな認識の基盤とはなりえないと天野は考える。「幼児期の活動では、コトバによってものごとを理解するということがまだ非常に弱い。それ故に、体験とコトバの具体的なむすびつきが必要となってくる」（天野　1976：195）。幼児期においては、特に、体験とコトバの緊密なリンクが見られ、体験から遊離したコトバだけによる教え込み、あるいは指示は、子ども自身の思考過程からも遊離したものにならざるをえない。「保育者がたとえ説明を加えたにしても、それが、これら子どもたちのイメージと具体的にかみ合わなければ、子どもたちのイメージも殺されてしまうし、また概念的な理解に終わってしまう」。

つまり、天野がここで求めているのは、「指導と子どもの理解の合致」（天野 1976：196）なのである。幼児期における認識は、イメージによるものが先行し、そこにコトバを乗せていくという過程で深化する。子どもの理解は、まずはイメージに基づくものだと天野は捉えているわけであるが、このイメージは個別のものであるので、それをいかに集団化していくか、共有していくかという点が検討されなければならない。

　天野によれば、子どもの「経験」を認識、知識へと昇華させてゆくためには、「コトバ」を介さなければならない。そもそも、「コトバ」とは、当然、社会の中で他者と共有される集団性をその特質としている。子どもにとって、「コトバ」の獲得とその使用は、他者の認識を介した、自分自身の認識の再整理でもある。「コトバ」の獲得によって、子どもは自らの行動や生活を再帰的・反省的に捉えなおし、意味づけなおすことができるようになる。保育者は、子ども自身が「コトバ」を通して、自分の行動や生活を再定義できるよう促す必要がある。天野によれば、保育者による「ひとりひとりの生活の指導」には、「話し合い─その行動をたしかめ─また話し合う、というように、たえずコトバによる話し合いと行動をむすびつけ、子どもたちが話し合いによって、どのように生活体験を整理したかを、みつめ、たしかめる仕事が、たえず必要」となる。保育者は「ひとりひとりの子どもの体験を、相手とのつながりにおいて整理してやる」（天野 1976：194）ことが必要である。保育者は、体験の意味づけを、社会関係、集団の網目の中でこそ行うべきだとされる。

　天野の「コトバ」に対する理解、特にコトバの機能を対人関係の中で捉える視座は、ヴィゴツキーの言語学に多くを負っている。ヴィゴツキーは、主著『思考と言語』などの中で、発達上、言語がまず、思考の外面化として出現することの意義に注目している（ヴィゴツキー 2001）。天野は、ヴィゴツキーの次のような言葉を引用している。「あらゆる高次の精神機能は子どもの発達において二回あらわれる。最初は集団活動・社会的活動として、すなわち、精神間的機能として、二回目には個人的活動として、子どもの思考内部の方法として、精神内的機能としてあらわれる」（天野 1972：92）。つまり、幼児期初期における

「コトバ」の発出は、内面的な思考の外面化、つまり思考の外部へのほとばしりであるという。逆に言えば、その時期において、他者との対話が豊かになされない限り、ゆくゆく内面化されるはずの「コトバ」（内言）の豊饒さは保障されないだろう。つまり、ここで天野が示しているのは、「一人の人間の認識は、他の人間や仲間との協力によって得られたもの」という知識観に裏付けられた言語観なのである（天野　1976：211）。

「個別・個人主義」・「自然成長論」への批判

　1970年代になると、天野の批判の矛先は、経験主義というものより、能力主義の幼児教育への浸透へと向け変えられていく。天野には、井深　大（1908-1997）の早期教育論（井深の『幼稚園では遅すぎる』の刊行は1971年であった）に典型的に見られるような「環境＝教育万能主義」が、「選別＝立身出世主義、差別、対立＝能力の一面的な発達というきわめて跛行的発達を生みだしていく」ことへの危機感があった（天野　1971：362）。

　そして天野は、早期教育論の根本には、子どもを個別の存在として捉える子ども観があると考えていた。天野は、1964年に改訂・告示された幼稚園教育要領、1965年に通知された保育所保育指針の中に、三歳未満児における「集団保育否定論」（天野　1971：355）を見いだし、これを批判して、三歳未満児においても集団保育が必要であることを説く。

　天野の乳児期からの集団保育の必要性に対する主張の背景には、個人と集団との間の発達上の関係性についての彼なりの認識があった。天野によれば、「乳幼児期は、自分と他人の区別がつかない、自分と友だちとの関係が理解できないという発達上の特徴」をもつ（天野　1976：209）。そして天野は、乳幼児期における自他未分化の融即の状態の中に、のちの集団生活に繋がっていく萌芽的な要素を見て取っている。この認識は、1953年の師・乾孝との共著、天野にとっての初の著作から70年代の晩年まで一貫しているといえよう。このような未分化の原初的集団の状態が、個々人の個の発達を促し、集団のダイナミクス

の中で個-集団の相互変革の弁証法を実現しうる状態へと変化していくという天野の発達観は、天野が批判的に捉えるジャン・ピアジェ(1896-1980)のそれとは対照的である。というのも、ピアジェなどは、自他融合の状態から個人、個が析出され、その析出された個が、その上で関係性を結び、自己中心性を乗り越えていくと捉えていたからだ。それはいわば、個の形成が集団の形成に先行するという発達観である。それに対して天野は、原初的な自他未分化の状態の中にこそ、人間のもつ根源的な社会性、集団への志向があると見なす。原初的な他者との融即の中に、のちの集団性の萌芽を見て取っているのである。

　このように、天野の発達観、あるいは児童観の背景には、子どもを個別の存在として認識する個人主義に対する根強い反発があった。天野によれば、64年幼稚園教育要領、65年保育所保育指針においては「個人と集団の解明」が不十分にしかなされていない。保育指針では、「個別的個人主義」の人間観が前面化されているという(天野 1976：206)。例えばそこでは、「個人差」「個別活動」の尊重というように、「個」と「集団」の関係性や相互作用に関する言及がほとんど見られないことを天野は批判している。このような個別＝個人主義の背景には、特殊な発達観があると天野は見なしている。その発達観は、自然成長論ともいうべきものである。まず、自然成長論においては、子どもの「自然成長」に重きが置かれるため、「保育者の保育の役割」が軽く扱われる(天野 1976：207)。これが、自然成長論の第一の欠点である。保育者による保育の価値が軽視されるところでは、「子どもに影響する社会悪や成長上のゆがみに子どもをゆだねる結果を生み出」す結果になる。ここで天野が示しているのは、保育者によって行われる保育が子どもへのダメージの緩衝材になるというイメージである。

　自然成長論の第二の欠点は、社会の変容と、それに伴い絶え間なく自己変革を求められる人間の特質をとらえきれていないところにある。自然成長論の基盤には、不可変の本能の成熟プロセスがあり、それには教育は十分に働きかけえないという消極性があると天野は見なしている。「定められた環境に定められたしかたで適応していく生物や動物の場合、自然成長という考え方はあては

まるかもしれ」ないが、社会的存在である人間に対しては自然成長論を適用することができない。つまり、ここには、「生物や動物」と対比したときの、天野の人間観があらわれているといえよう。「人間の本性は、単なる「自然法則」を超えた「歴史法則」の下で、そのはじまりから築かれていくのだといわなければなりません。この点を見逃して、人間を「生物にすぎない」と割りきってしまうのでは、人間の一番大切な面を見おとすことにもなりましょう。私たちはそうしたまちがいを「生物学主義的人間観」といいます」(乾・天野 1953：66)。天野は、「生物学主義的人間観」が、保育方法として具現化された際、自然成長論として表れてくると見なしていたのである。

　そして、64 年教育要領、65 年保育指針には、自然成長論に基づく「社会適応の人間像」が見られると天野は言い、そのような「社会適応」を目指す教育・保育は、たやすく旧来の訓育主義の考え方へと傾いていきかねないと見るのである。そのように、「社会適応」することこそが発達だと見なす立場に対して、天野は、周囲の他者と協同しつつ、「社会創造」を試みていくことを発達観の軸に据える立場を提案する。「子どもの発達を動物のように「自然成長」とするか、現在の社会にずるずると適応していくのが人間なのか、あるいはそうでなく、教育を受け、しかも積極的に仲間と協力して自己を形成し、同時に社会を創造していくのが本来の子どもの発達、人間の姿とするか、平たくいえば、社会や他人さまのいうことに受け身な人間を人間と考えるか、仲間と一緒になって、相談しながら協力し、生きていくのが人間なのか、こうした人間観が大きな対立点」となっていると天野は考えているのである(天野 1976：195)。

集団主義保育の基本理念：その発達観と集団観

　自然成長論に対置されるものとして、子どもの発達に対する保育者の系統的働きかけを重視する立場を天野は提唱する。集団主義保育が理念とする「民主的保育の人間像」においては、「人間の全能力の全面的発達」を目標としており、その実現のためには集団保育が必要である(天野 1971：360)。「全能力の全面

的発達」の対立項は、すでにみたように、一部の能力の「跛行」的発達であり、能力の中の限られた一側面が、産業資本主義、「一部の独占資本」の追求する利益に適うように発達させられることである。これが、1970 年代、天野が能力主義的差別として批判する教育・保育のレトリックの根本にあるものである。

それに対して、天野は、保育者の働きかけ、すなわち「教育」と、子どもの発達とが「結合」（天野 1976：208）することを重視するのである。教育と発達の結合は、天野によれば集団主義保育の中でこそ実現される。「集団主義」という言葉の典拠は、マカレンコである。天野は、マカレンコが「集団主義、すなわち自分と他の人々の労働の利益と全社会の利益との結合」を強調していたとする。つまり、マカレンコと天野にとって、集団主義というのは単なる保育形態の一つなのではなく、自他の利益の共同化という社会構成原理であり、同時に社会規範、倫理でもあったのである。

天野は、集団主義保育の三つの基礎は、①言語、②労働、③協力の三つにあるとする。そして、この集団主義保育の三要素は、人間の特徴、特に他の生物・動物と比較した際、人間のみに特別に見られるような特質に対応したものであるという。「言語、直立姿勢、洞察的行動の三つは、どれもみな、いわば「社会的」な特徴をもった現象で、これこそ人間の、世界に向って「開かれた」成熟様式なのであって、早くから人間世界の社会的背景を背負ってのみ、それと渡りあうことによってのみ可能となる」（乾・天野 1953：66）。「世界に向かって「開かれた」」存在としての人間、という定義は、ポルトマンの人間観と共通するものである（乾 1994）。この言語、労働、協力という人間的な三要素を有機的に組み込むような保育構造は、「はなしあい保育」、のちに「伝えあい保育」と呼称されるカリキュラム案に結実していく。天野によれば、「「はなしあい保育」＝「集団主義保育」という言葉が、保問研会員の中にボツボツ発言されるようになったのは、五八年ごろ」（天野 1972：34）だったという。

集団主義保育が立つ発達観とは、人間を他者と協同して社会を構成する中で、自らと社会の双方を発展・発達させていくとするものである。「集団主義の発達観は、この人間の相談し、協力し、歴史社会を築き、一人ひとりの人間が人間

性を豊かに発展させていくという立場を基調としている」（天野 1972：77f.）。さらに天野は述べる。「集団主義の発達観では、たえず、歴史社会における現実—巨視的にいえば社会の発展の方向が問題にされ、微視的に見るならば、保育者と子どもたちとの関係で立ちあらわれるもろもろの保育現実の影響を意識的に取りあげ、どこまでも保育者仲間、子ども仲間と協力しながら一歩一歩現実を変えていく努力をしつづけ、各自が少しずつであっても前進していくという営みが、発達観の底にある」（天野 1972：78）。集団こそが、人間の発達にとって不可欠の動因なのである。「人間の、人間的な「集団」というものこそ、人間の子が人間らしくなるために、欠くことのできないもの」なのであり、「子供たちは、集団の中の一員として、役割をその年なりに分担しながら、大人の指導の下で仕事をすることによって発達」する。子どもの発達は常に、「集団の発達と手をとって進む」（乾・天野 1953：46）のである。同様に、保育者も集団として組織化される中で、自己変革を遂げていく。「仲間との仕事の中での役割を決め実行していくこと、仲間との相互要求の中から、自主的に仕事を分担し進めていくことなどの集団主義の精神がおとなにも要求される」（天野 1971：364）。

　つまり、集団主義の発達観に基づく保育は、究極的には、保育者と子どもたちの関係性、天野の言葉では「保育現実」を変革していくことが目的として据えられている。変革が目指される「保育現実」は、単に保育所内のミクロな関係性のダイナミクスだけに留まらず、「一幼稚園、一地域での集団主義保育の発展が、他にも影響し、他との相互交流によって、さらに、多くの財産を共有し相互に発展していく」（天野 1971：362）ことが目指されている。

　ただ、すでに述べたように、ここでは、集団の中で「話し合う」という保育方法、あるいは保育形態だけが注目されているのではない。この点については、東京保問研の中においても議論ないし批判があったようで、天野は「話し合っていればよい」とする人々と「話し合い→行動→話し合い、そして相互変革をする」と考える人々の対立が東京保問研の中にあったことを指摘している（天野 1972：14）。ここで天野に「話し合っていればよい」と考えているとして批判されている側は、あくまで「話し合い」を、保育形態あるいは保育方法の一つと

して矮小化して捉えているにすぎず、それが社会構成原理や人間観にまで繋がっていくものであることを見落としているということになるだろう。

　「話し合い」保育の「言語中心主義に流れやすい」という性質から、「子どもとお話し合いをすればよいという誤解」が生じるわけなので、（生活綴方教育に範をとって）「生活話し合い」と命名すればいいのではないかという提案は、国分一太郎(1911-1985)、大槻 健 (1920-2001)からも出されていたという（天野 1972：50）。それを受けて、1960年代初頭に、「絵画、音楽、乳児保育など、言語外のつたえあい」についても考慮に入れていることを示すため、天野はじめ東京保問研のメンバーは「つたえあい保育」を称するようになる（天野 1972：54）。

　天野は、集団主義が、単なる保育方法論に矮小化されることを警戒する。そのきっかけを与えたと思われるのが、全国生活指導研究協議会(全生研)の竹内常一(1935-2020)からの批判であった（天野 1972：54）。竹内は、「つたえあい保育は何を主要な教育内容としているかわからない」という「教育内容」の内実が十分に深められていない点、つまり「生活指導・集団づくり・言語・理科など」のように複数の内容が含まれているものの、それらが「未分化」な状態に混淆しているという点を批判していた（これ以外にも、竹内は、つたえあい保育が「テーマ」を欠く「その場主義、一発主義的教育方法」であるという批判や、「つたえあい」が、学習集団、学級集団など、集団の組織原理や機能によるつたえあいの多様性を捉えられていない点などを批判している。ただ、天野は、竹内の批判をあくまで「外からの批判」と捉え、その意義を積極的に検討しようとしているわけではなかった）。

　さらに、集団主義保育が、単なる保育形態、保育方法の問題としてのみ捉えられることへの天野の批判的意識は、例えば、1950年頃の集団保育に対する批判、特に多数決をめぐって、在野のマルクス主義教育学者であった矢川徳光(1900-1982)が行った次のような批判を彼が真剣に受け止めようとしていることにも表れているといえよう。「教育学者の矢川徳光先生より、「幼い幼児、とくに判断力の弱い時代に、多数決制をとることは、あやまった指導ではないか？

しかも、何かを決める場合、子どもだけの考え方に頼ることは、児童中心主義の考え方に流される危険性をもつ」という批判」が出された(天野 1972：14)。天野によれば、矢川と同様の批判は、第4回保問研総会に参加した保育者からも出されていた(伊井澄子による発言)という。「簡単だからといって、多数決の意見だからといっても、『多ぜいの人がこうしたいから』とそれでおしきることも、少数のものを無視する点ではどうかと思う、ということで生かすも殺すも保育者の児童観につながっていると思う」(天野 1972：14)。集団が「少数のもの」を圧殺することの危険性と、それを回避するため、保育者における「児童観」の深化が求められている。なぜ、集団が「少数のもの」を圧殺するような危険性に流れかねないのか。それは、集団主義が、単なる保育方法論としていわば移植されているにすぎないからである。天野は、集団主義は、方法論の移植だけでは実現できず、子どもの自己認識、保育者の子どもへの認識の双方の変革を通して、集団そのものを不断に組み替えていくような、ダイナミックな人間観と社会観として、子どもや保育者に内面化されてこそ初めて実現すると考えているのである。

　ワロンが、真の教育は教師と子どもの相互変革といっている(天野 1972：145)ということを、天野は再三にわたって指摘しているが、子どもと保育者が相互変革のためのインタラクションを可能にするためには、何より、お互いの間に交わされる「コトバ」が、お互いの自己認識や他者認識に揺さぶりをかけるような潜勢力を有していなければならないだろう。天野にとって、「コトバ」とは、労働、協力を有機的に展開させることを可能にする媒体なのであり、活性化された「コトバ」こそが、子どもの認識を深化させるだけでなく、子どもが生きる集団の質的変容(それは天野の見るところ、集団(とその内部における子ども個人)の発達の過程に他ならない)を触発するような触媒だと捉えられていたのである。

第2章の参考文献

　天野章「新しい人間像をめざして」『人格の形成』(幼児教育学全集第 7 巻)、小学館、

1971 年。

天野章『つたえあい保育の展開』（実践保育学講座 3）、文化書房博文社、1972 年。

天野章著作集刊行委員会編『保育その運動と研究：天野章のあゆんだ道』博文社、1976 年。

乾孝『社会主義者の心理学』（増補改訂版）、新読書社、1994 年。

乾孝・天野章『保育のための児童心理学』博文社、1953 年。

ヴィゴツキー『思考と言語』（新訳版）、柴田義松訳、新読書社、2001 年。

ザポロージェツ『児童心理学』民科心理部会訳、理論社、1956 年。

宍戸健夫『日本における保育カリキュラム：歴史と課題』新読書社、2017 年。

宍戸健夫ほか編『保育実践のまなざし：戦後保育実践記録の 60 年』かもがわ出版、
　　2010 年。

東京保育問題研究会編『保育問題の 20 年（1）：会報巻頭論文集』博文社、1972 年。

東京保育問題研究会編『伝えあい保育の 25 年：東京保育問題研究会のあゆみ』文化書
　　房博文社、1983 年。

マカレンコ『愛と規律の家庭教育』南信四郎訳、三一書房、1950 年。

松本園子『証言・戦後改革期の保育運動：民主保育連盟の時代』新読書社、2013 年。

吉田直哉「「伝えあい保育」主要文献解題(1)：実践記録篇」『大阪聖徳保育・福祉論叢』
　　(22)、2017 年。

吉田直哉「「伝えあい保育」主要文献解題(2)：理論篇」『大阪聖徳保育・福祉論叢』(23)、
　　2018 年。

第3章　近藤薫樹・伝えあい保育のめざす
子ども像

理論と実践のインターフェイスをめざして

　本章では、保育研究者・実践者であった近藤薫樹(1920-88)の保育論のうち、彼の情緒、情操(道徳)教育に関する記述を見ていく。近藤は、生物学を介して独自の動物論を構築し、それと突き合わせるように人間論を築き上げ、この人間論にカップリングさせる形で保育論を構想した。彼の保育論の基盤をなす人間学が、動物論との対話を重ねることによって形成されてきたというのは、彼が大学時代、獣医学科において生物学を専攻していたことと関わりがあるかもしれない。それというのも、医師を父に持つ近藤は、1939年に東京帝国大学農学部獣医学科に入学し、微生物化学を専攻したからである。近藤本人の言によれば、生物学を「非常にまじめに猛烈に勉強した」。東京帝国大学薬学部の研究室にも出入りし、そこでのちに妻となる紀美代と出会っている。その後、近藤は1941年12月の日米開戦に伴い、東京帝大を繰り上げ卒業し、翌1942年初頭より農林省獣疫調査所に就職する。農林省を退職するのは、敗戦の翌年1946年3月であった(なお、近藤の出生地は横浜である。幼少期、満鉄傘下の病院に院長として赴任した父について、満州での生活を経験する。満州からの帰国後は、本郷で少年期を過ごした)。

　近藤が東京都武蔵野市に西久保保育園を開園したのは1953年のことである。1955年からは園長を務めるが、1972年に体調不良のため辞職する。そののち、全国私立保育園連盟保育総合研究委員会の委員長を務める傍ら、1976年より日本福祉大学で非常勤講師を務める。近藤に対して、日本福祉大学で教鞭を執り保育者養成に従事するよう依頼したのは、保育研究者で日本福祉大学教授を務めていた土方康夫(1931-1989)であった(近藤 1987d：187)。1981年から同大

教授を務めるが、日本福祉大学赴任以後は持病であった腸疾患の悪化に苦しめられる。療養の末、1988年に病没、享年68歳であった。死去の前年に、桐書房から『近藤薫樹保育著作集』全8巻が刊行されている(なお、幼児教育研究者で、白梅学園大学学長を務めた近藤幹生(1953-)は甥にあたる)。

　以上のような近藤の経歴、特に獣医学科卒で生物学専攻というのは、保育実践者、あるいは研究者としては異色である。自然科学系の保育研究者には、小児医学、小児保健学を基盤とする者が存在しており、保育研究のオリエンテーションに一定程度の影響力を行使してきたが、近藤のような生命科学、特に生物学・動物学を理論的基盤とする保育研究者は絶対的に少ないといわざるをえない。

　ただ、近藤が生物学を専攻していた時期は戦時中であり、彼の生物に対する認識が、当時の生物学のパラダイムに強く規定されていた可能性は否定できない。本章で検討する文献における生物に対する認識のある種の浅薄さ(戦後刊行された一般向けの入門書、啓蒙書に多くを拠る)は、このような時代的な制約から生じてくるものとも考えられる。

　前述の著作集におさめられた近藤のいくつかの文章では、保育論とは直接的に関連しないと思われる生物学的ジャーゴンが弄されているのが散見される。しかしながら、彼は、生物に関する言説を、生物学の学説として読者に対して提示しようとしていたのではないという点には注意しておく必要があるだろう。というのも、彼の最大の関心は、生物の本性を説き弘めることにはなかったからであり、彼にとって生物に関する言説は、それを地として、図としての人間論を構築するための舞台装置、もしくはメタファー(隠喩)だったと捉える方が適切だからである。

近藤の人間学の基本枠組み(1)：ヘッケル説の翻案

　近藤の保育論を見る前に、まず、彼の保育論を支える人間観を検討しておこう。近藤の進化論は、ドイツの動物学者エルンスト・ヘッケル(1834-1919)の思

想に依拠している。近藤は、ヘッケルの「個体発生は系統発生をくりかえす」というテーゼを、「分子生物学の知見」を援用しながら、「ダーウィン以来の進化論」と接合させようと試みる(近藤 1987c：121-124)。「このテーゼ[引用者注・ヘッケルの「個体発生は系統発生を繰り返す」というテーゼ]はこんにちの科学で、全面的に正しいとは認められていません。まして人間の場合に、これをあてはめて考える(決めこむ)などしてはなりません。しかしまた、全面的に否定されてもならない一定の根拠はあるのです」(近藤 1987c：121)。さらに近藤は言う。「人間の胎児および新生児が、動物進化の延長線上にあること、これはもはや否定すべくもない」(近藤 1982：82)。近藤は、「「個体発生は系統発生をくり返す」とのヘッケルのテーゼは、人間の胎児期、新生児期をふくめて、「絶対正確」ではないが「おおむね妥当」」だと見なしている(近藤 1982：83)。

　人間の発達の「順序性」は、「系統発生」のプロセスを辿りなおすことによって「保障される」(近藤 1982：83)。「人間の胎児および新生児は、たいへん大きな部分で、動物祖先と相同的であるといいたい、それゆえ、身体機能の発達には順序性があり、それぞれの時期に、それぞれの機能を開発成熟させてこそ次の段階への発達が保障される」(近藤 1982：83)。つまり、「子どもは、その発達の時期に、祖先が歩んだのと同じような過程を急」ぐことになる(近藤 1987c：145)。つまり、近藤は、個体発生と系統発生の並行説を唱え、この過程を辿る子どもの歩みを促進することが発達援助としての保育だとしているのである。

　同時に、近藤は人間の特質における遺伝的要因の重要性を認めつつも、その一方で、彼は、「人間の子どもが引き継いでいる本能は、「本能に縛られないで発達する本能」だ」とも述べ、遺伝的、本能的要因以外の発達要因の重要性をも指摘している(近藤 1987c：125)。近藤のいう「本能」というのは、「祖先からの大事な申し継ぎ」という規定的側面と、「本能に縛られない発達」という創発的側面の、二つの異なった意味で用いられる両義的な言葉なのである。

　近藤は、「本能か学習か、遺伝か環境か、動物か人間か、という一面的考え方におちいってはならない」と述べて、二項対立的な思考を退けている。彼は次

のように述べる。「学習によってかぎりなく自らを変容できる本能であり、環境適応から進んで環境を変革して生きうる素質が遺伝されてきている、それが、人間という、動物とはまったく異質のものに発達しうる動物なのです。このさい、決定的に重要なものは、歴史的社会的な環境、文化と教育です。人間は、文化と教育の働きによってのみ親と同列なものになりうる唯一の動物といえます」（近藤 1987c：125）。そして、その「文化と教育」を受け入れるものが「人間の脳」なのであり、生まれた瞬間、それは「能力(なかみ)ゼロ」という「未熟」の状態にあるとする（近藤 1987d：126）。

近藤の人間学の基本枠組み(2)：ポルトマン説の翻案

　「本能に縛られない本能」という、人間の抱える捻じれを生じる際に、近藤が持ち出すのが、ポルトマンのいわゆる「生理的早産」説である。近藤は、ポルトマンに触れながら、「人間は、赤ん坊として生まれおちたとき、未熟で、無能力だとされてきたけれど、そうではない」とし、人間だけが未熟な状態で生まれてくるわけではないことを指摘しながら、未熟ゆえに「生後の学習によって人間としての行動が形成されていく」という、本能のもつ意味を軽視するようなポルトマン解釈に対して異議を唱える（近藤・近藤編著 2013：160f.）。ポルトマンを、完全な環境説に立つものとして位置づけると、人間がもつ動物的特質(それはすなわち遺伝によって継承されてきたもの)の価値を否定し去ることになってしまう。「ポルトマンの考えですと、人間の子どもは、なにもできない白紙の状態で生まれてくるので、すべてが生後の学習によって決まるという言い方になります。これに対して、生まれてすぐ歩いたりできる動物は、すでに本能的に決まっていて、生まれたあとに習得する必要はないという考えにたつわけです」（近藤・近藤編著 2013：162）。近藤は、発達における環境という要因と、遺伝的要因、器質的要因の輻輳を当然視していたのである。

　近藤の保育論の基底は、人間性・動物性の両極のはざまで、微妙に揺れ動いていた。人間(乳児)はやがて動物とは異質のものに発達する可能性を秘めた動

物であるという主張を、近藤はポルトマンから読み取ろうとする。現に近藤は、「私は動物でも、人間の子どもでも短時間内に連続変化するものに注意をむけるのは本能だと考えています」と述べ、「能力(なかみ)ゼロ」とはいうものの、乳児における本能の存在、遺伝的要因の重要性を指摘している(近藤　1987c：133)。

　以上のように、近藤は、動物であると同時に動物ではなく、本能を否定するという本能を持つアイロニカルな存在として人間を捉えていた。「人間は人間であると同時に、霊長類ヒト科の動物であることを、しっかりとらえねばならない」(近藤・近藤編著　2013：117f.)。近藤の人間観は、人間と動物という、二つの極のはざまにおいて展開されることになる。「動物性を土台とし、そのうえにこれをコントロールする人間性はある」というように、人間性と動物性は、層化論的に把握されている。そのことは、人間論の内部における、人間性と動物性の共存と葛藤の存在を意味している。

層化論を媒介とした人間観と脳科学の接合

　本節においては、近藤の保育論の基盤をなす人間観の構造を、より詳細に明らかにしていきたい。近藤の人間観は、彼の動物観と対照させることによって浮き彫りにすることができる。まず、彼の動物に対する認識は、次の三点にまとめられる(近藤　1987c：196)。

(1)　下等動物の場合で、彼らはほとんど本能まる出し。その上にきわめてわずかの条件反射の層をもって(つまり経験によって本能のあらわれ方をかえて)生きています。

(2)　動物が高等になるにつれ、経験学習で獲得する条件反射の層が厚くなります。イヌやサルになると、もっとずっと。

(3)　人間の場合で、本能はないかのようになり、条件反射の層もかなりあるが、その上に言語による思考の層ができてきます。こころの世界です。

近藤によれば、動物は「具体的(に身体に感覚できる)刺激に正直に反応して生きて」おり、それゆえに「すべての動物は自然環境のなかにピッタリはめこまれて生き」る他ない存在である。それに対して、人間の独自性、人間の条件を彼はどこに置くのだろうか。

　近藤によれば、動物と人間との境界線は、言語の習得によって画される。動物は、言語をもたない。人間が動物を超えていくのは、まさに言語の獲得によってなせることなのである。そして、この言語の獲得こそが、思考を可能にさせるのであり、外界、環境からは相対的に自立した、精神的世界を獲得することを可能にさせるというのである。

　近藤においては、以上においてみてきたような動物観・進化観が、人間の「脳の構造」という物質的な基盤に「対応」させられている(近藤 1987c：208)。つまり、近藤は、脳の中でも、表面の「大脳新皮質」と、深奥の「脳幹」に注目するのだが、彼の考える動物的側面は脳のうちの「脳幹」に、人間的側面は「大脳新皮質」に比せられる。彼にとっては、「大脳皮質」は「環境交渉(つまり経験からの学習、適応)の面で主たる役割をうけもって」いる。それに対して、「脳幹は生命活動の面で主たる役割をおって」いる。

　脳幹と大脳新皮質の関係性は、「相互に刺激しあうと同時に、脳幹の働きは皮質の働きにコントロールされる」ようなものであり、それゆえ、「健康な脳幹に起源する情緒(情動ともいう)が、大脳新皮質の言語的思考の働きにコントロールされたとき、意識や判断が生まれ、新段階の感情が生まれる」(近藤 1987c：210)。近藤の脳に対する認識にも、大脳-脳幹という層化論的な把握が見られ、それが人間-動物という層化論と対応させられている。

　以上みてきたように、近藤の人間観は、〈遺伝的・本能的・動物的要因／環境的・歴史・文化的要因〉の両極間で揺れ動く、両義的な性格を持つ。近藤は、人間の遺伝的素因の中に太古からの生命史的継承を見てとり、その継承の過程を辿ることが個体発達の過程だと見なしている。その一方で、人間の発達に対する環境的素因の中に、人間の社会性、集団性の重要性を見てとり、これが、人間の生来的な「未熟さ」という培地の中に獲得されていくと考える。ポルト

マンの生理的早産説を、「人間の本能は、本能を失っているということ」の論拠
として引用する近藤が、「人間は動物的であり、同時に動物的でない」という両
義的な人間観を提示する以上、人間の孕みこむ動物的·遺伝的側面と、歴史·文
化的·環境的側面のうち、どちらを前面に出すかによって、彼の人間観のトーン
は揺れ動かざるをえないのである。彼が、ポルトマンの環境説的理解に対して
距離をとっていったのは、この揺れ動きのあらわれである。近藤の「人間·保育
論」における層化論的な構造は、人間の本質を重層的に把握するという点で、
矛盾をはらみこむものであったということができよう。

人間論と保育論のカップリング：「層化論」という近藤独特の論理構成

　近藤は、彼の生物学の知識に基づいて、独特の人間論を構築し、それとカッ
プリングするような保育論を展開したことは既に述べた。保育学の言説におい
て、保育の必要性、あるいは保育の存在意義を、人間の子どもの特性によって
基礎づけることは、常套手段といってもよい。注目されるべきなのは、保育論
における人間の特性が、動物の特性と対比させるようにして語られているとい
う事態である。そこでは、「人間とはXという属性を持つ動物であるので、Xに
適合的な保育が必要とされているのである」というような論理のパターンが提
示される。このような、保育の基礎づけの仕方を、ここでは「人間·保育論」と
呼んでおこう。「人間·保育論」とは、人間の動物学的特性が、保育の必要性の
前提となっているという言説パターンである。人間論と保育論とが緊密に結び
あわされていることが、この言説パターンの特徴である。近藤の保育論も、こ
の「人間·保育論」の形をとって展開されている。ただ、近藤が、その他の論者
に比して際立っているのは、人間論と保育論のうち、前者に費やされた紙幅が
きわめて大きいということである。逆に言えば、この性格のために、近藤の保
育論は、「人間·保育論」として語りだされる保育言説の究極的な形、あるいは
論理的帰結を象徴的に示していると言えるかもしれない。近藤の保育論を取り

上げるのは、現在においても、保育の必要性が「人間-保育論」として語られることが一般的である以上、「人間-保育論」における「人間論」、つまり保育を経験する主体としての人間が、保育学においてどのように捉えられているのかに関する一つの重要な範型として、近藤の「人間-保育論」の構造を再構成してみたいからである。

　ここで強調しておかなければならないことは、近藤が、今から 80 年近く前に学んだのと同様の生物学のディシプリンに基づいて、60 年近く前に構築された人間論の形式、あるいは構造は、今日に至るまで残存しているということである。そのような人間論の形式は、保育の常識として、われわれの保育に対する認識や保育実践への方略を、ほとんど無意識のレベルにおいて規定し、意味づけ、価値づけているのである。以下では、近藤を事例として、保育学言説における生物学・動物学言説の移植の態様の一側面に着目することで、自然科学の知見の移植による保育言説の構築の過程を明らかにしてみたい。

　ただ、近藤の文章を、教育学、あるいは保育学のテクストとして読解することは容易ではない。というのも、近藤は、既存の教育学、あるいは保育学のパラダイムに依拠するテクストをほとんど参照していないからである。教育学、保育学の言説の地平というコンテクストから離床しているために、彼の文章を参照し、既存の教育学、保育学言説の中に位置づけようとする思想的研究は、ほとんどなされてこなかった。彼の著作が、「わずかの間に 10 万部をこえる売れゆき」を見せ（宍戸 2013：8）、一部の保育実践者の間に「ベストセラー」と評価されるほど熱烈に歓迎されたという事実（近藤 1987d：183）と、くっきりとしたコントラストをなすこの事態が、近藤を、教育学・保育学の文脈において解釈しようとするわれわれが乗り越えなければならない障壁であるということができよう。以下では、そのような独立性の高い近藤の所論を、多少なりとも教育学・保育学言説の地平に接近させて読み解くため、近藤における「道徳性の教育」、道徳教育に関する言及を読み解いていく。

近藤における子どもの道徳性の発達の把握：「情操」教育という　キーワード

　近藤にとっての保育論の原則、特にペダゴジーに関する基本理念は、彼が著作を刊行し始めた 1960 年代の後半から、88 年に没するまで、大きく変化はしていない。ここではまず、彼にとっての保育、幼児教育の三原則ともいうべき理念型を確認しておきたい（近藤 1987a：25）。

　近藤において、幼児教育の営みとは、第一に、子どもたちが本来もっているはずの活動意欲を大事に守り育てることである。彼にとって、子どもが発揮する活動意欲は先天的なものである。それは、保育というケアによって触発されると考えられている。

　第二に、子どもたちが自分の目で見、耳で聞き、からだごと外の世界にぶつかって身につける生活経験を大事にすることである。感覚器官の開発は、生活経験、特に体験の中で行われるのである。三歳未満児の保育の課題のうち、最も重要なことは、「感覚神経をこまかく枝わかれさせ、それと運動神経（さらには運動器官）の結びつきを準備していくこと」である（近藤 1987a：9）。そして、感覚神経の枝わかれは、「生活体験（じっさいに見たり聞いたりすること）」によってのみ達成されるという。「いろいろの形のものを見、いろいろの色のものを見せられてのちに、いろいろの形を見わけ、いろいろの色を見分ける能力が育つ」（近藤 1987a：9）。

　第三に、生活や遊びのなかで経験したことをことばにし、ことばによってそのイメージや概念をいきいきと頭に描けるような子どもにしむけることである。第二の条件で示された生活経験を基盤にして、それに積み重ねるようにして言葉を獲得し、それらを蓄積させ、逆に、言葉によって、生活経験によって獲得されたイメージや概念を想起・想像できるようになるということである。

　このように、近藤が幼児教育において重視しているのは、①意欲の先天性、②体験による感覚器官の発達の重視、③体験の言語化と言語の再イメージ化、の三点である。そして、この三つは、①が②の、②は③の、それぞれ支持的基

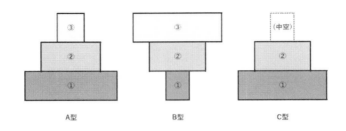

図3−1　近藤理論
〔近藤（1987a：25）による〕

礎を成しているというのである。この三つの原則をすべて適切に満たす際、近藤にとっての幼児教育のモデル(範型)が実現するということになる。

　この三原則を図式化したものが、宍戸健夫によって「近藤理論」と呼ばれる三つの教育モデルの模式図である（図3−1）。この図式は、1969年の近藤の著作『集団主義とこころの発達』(新日本出版社)において、初めて本格的に取り上げられ、紹介されたものであるが、その後も、しばしば彼の著作に登場することになる。この模式図は、①子どもが本来もっているはずの(つまり遺伝的な要素を含む)、活動意欲を示す積み木、②子どもが外界の具体物とからだごとぶつかって得た生活経験を示す積み木、③生活経験を抽象的な思考にきりかえる道具としてのことばの世界を表す積み木、という三つの積み木の積み重なりによって、教育(あるいはその教育によって育った子どもの特性)を、三つのタイプに分類しようとするものである。

　A型は、①の、子どもが本来持っている活動意欲の積み木がしっかりした土台を構成しており、その上に②子どもの生活経験、さらにその上に③ことばの世界が積み重なっている。意欲に基づく生活経験が、ことばによる抽象的な思考、学習を支え、活発化させている教育モデルであり、この型においては、①〜③の経験の各階層が最も安定した構造をもつとされている。それゆえ近藤は、このA型の教育モデルを幼児教育の原則であり範型であると考えている。

　これに対し、B型は、子どもの本能に基づく意欲的な活動を軽視し、③抽象的な思考だけが重視されているような教育モデルを表す。宍戸の言い方では「言

語過剰型」である。いわゆる詰め込み、注入主義、インドクトリネーションは、B型に属するといえるであろう。この型は、①の土台が狭く弱いため、必然的に不安定な構造とならざるを得ない。このことは、近藤にとっては、子どもの成長が不安定になることのメタファーである。

　C型は、①と②の積み重ねはあるものの、その上に③抽象的なことばの世界を構築して「概念による思考活動」（宍戸　2000：82）を活発にすることをおろそかにした教育モデルである。このモデルが退けられているのは、「思考軽視の経験主義型の保育」への批判、すなわち戦後初期に一世を風靡した経験主義型、放任型の保育への批判と同型である（宍戸健夫が指摘するように、C型の幼児教育は、『集団主義とこころの発達』初版には登場せず、1979年の新版において示されたものである。著作集は新版を底本としているため、本章は新版に拠っている）。

　教育方法の形式的側面だけにとらわれると、スパルタ教育・体罰主義と、放任主義・ほったらかしは、全く違うように見えながら、言語を軽視しているという点においては同一だと近藤は述べる（近藤　1987b：217）。近藤にとって重要なことは、子どもに対する教育的介入の度合い、またはそのあり方ではなく、そのかかわりによって、近藤理論における③の積み木、言語的世界が子ども自身によって確立されることを促されるような働きかけがあるか否かである。

　近藤は、B型を、当時ひろく一般化していた詰め込み型、言語主義的教育に重ね合わせ、C型を、戦後、日本において普及し一世を風靡したジョン・デューイ（1859-1952）の理論に依拠する経験主義（いわゆる「新教育」）に重ね合わせ、批判していたのであろう。経験主義に依拠した新教育を批判するというのは、近藤のみならず「伝えあい保育」を標榜した集団主義保育運動の初発のモチーフであった。

　以上のように、①②③の「積み木」——教育を駆動させる要素——が、この順に基礎から上部へと組みあがっている、つまり層化構造をもつとするのは、近藤の人間論、特にその人格論においても同様であるということができる。近藤が、生まれつきの気質や性格と、環境との関連に言及しながら人格を論じる

際、参照されるのは、心理学者クルト・ゴットシャルト(1902-1991)が提唱した、人格に関する「層理論」である。既に述べたように、近藤は、人間の成長・発達に対する遺伝と環境の両素因について言及するときに、この「層理論」をたびたび援用している(近藤 1987a：82)。

　近藤は、田島らのゴットシャルトに関する紹介(田島・松永 1964)を引用しながら、人間の性格の構造を次のように把握している。ゴットシャルトは、人間の性格を、「年輪みたいな層次構造」として捉えたという(近藤 1987a：84)。年輪の中心にあたる核は、遺伝的な要素であり、その外側に身体的特性、そのさらに外側に根本気分、欲動、接触性の層、その外側に感情的思考の層、最も外部に知的上部構造が位置づけられている。

　ゴットシャルトの人格モデルは同心円状をなし、近藤の教育モデルは水平的な層状をなすという相違はあるものの、このゴットシャルトの「層理論」に、「近藤理論」の三層構造の原型を見出すことはそれほど困難ではないであろう。人間論と保育論は、この層化モデル、層化論的な問題構成の仕方において、つながり合っているのである。この層化論的な人格に対する把握の仕方、および、保育のペダゴジーに関する捉え方は、次に述べる知的教育と情操(道徳)教育の関連を論じる際にも、転用されているのである。

情緒と情操の区別、知的教育と情操教育の止揚

　近藤は、「遊びが大切か、いや教育も必要か」「知的教育と情操教育といずれが大切か」に始まり、科学教育と道徳教育、文字の教育と人間形成といったような二項対立を批判する(近藤 1987a：105)。近藤は、一般に言われる道徳教育と知的(科学)教育、あるいは訓育と陶冶(知育)という二項対立にも批判的である。彼は、道徳教育と知的(科学)教育、訓育と知育を止揚させようとするのである。その点において、近藤の保育論においては、保育の理想型を成す原理は一元的なものなのである。

　近藤は、知的教育と情操教育の止揚を試みるにあたって、彼は情緒と情操と

いう二つの感情を明確に区別することから始める。まず、情緒とは、感覚的感情であるという。それは、感覚に訴えてきた刺激によって惹起された感情である。情緒は、それを引き起こした刺激が変化すれば、容易に変化する「一時的、一過性の感情」である（近藤 1987a：113）。情緒は瞬間的であり、かつ流動的で安定しない原初的な感情であると言える。情緒は乳幼児にも、動物にも存在する。情緒とは、動物における情動のことであり（近藤 1987b：210）、動物的感情ということもできるであろう。

　これに対して、情操は、道徳的感情であるとされる。情操こそは文化的価値に対する感情であり、より正しい、より美しいものを志向するような高度の感情であるという。情操は、「初歩的な感覚をのりこえる思考や理性をともなっている」ことを特徴とする（近藤 1987a：113）。情操は、動物には（そして乳児にも）存在しない、（発達を遂げた）人間だけに固有の感情だとされる。

　近藤は、情緒を手放しで礼賛するような安易なロマン主義には流されない。というのも、情緒はやがて、「思考と理性」と関わり合うはずのものだからである。しかし、「思考と理性」だけが存在していたとしても、情緒は豊饒なものとはならない。情操ゆたかに育てるためには、「情緒のいきいきした子にすること」と、「情緒的な子どもにしてはいけない」という「矛盾しているように見え」る課題を達成しなければならない（近藤 1987b：211）と彼は言う。近藤によれば、情緒は思考（知性）をくぐって情操に高まる。思考をくぐる際に、情緒は「おさえられて」高まるという（近藤 1987a：116）。情緒を思考が制御することによって、情緒が思考を介して情操へと昇華されていく（近藤 1987a：115）。言語による現在の一時的な心的エネルギーの亢進の制御・整序の結果が情操だとすると、情操は、現在において亢進している情緒から距離をとること、環境による刺激に対する直接的な心理的反応を遅延させるものであるということもできよう。

　情緒から情操への高まりのために必要な働きかけを説明するのもまた、前述の近藤理論のA型の保育である。情緒が前提とされ、それが「高められ」、つまり止揚されて情操へと発展してゆくためには、まず前提として、情緒を活発化させる必要があると近藤は述べる。これは、近藤理論のA型における①の積

み木を厚く、大きくしてゆくことに相当するであろう。

　近藤によれば、情緒のゆたかな子どもに育てるためには、第一に、A型の保育を行って「いきいきとした情緒の子どもにする」ことが必要であり、その次に、「その子どもの年齢なりに思考の力を育てる」ことが必要である。このプロセスも、A型の保育によって実現できるという(近藤 1987a：118f.)。パヴロフの語彙を援用しながら、「具体物(第一信号系)の世界でうる「生活経験」と、それを抽象化する道具としての言語(第二信号系)の世界でうる「概念形成」との組みあわせが真の知的教育」であり、理性的な情緒を育む道徳教育であると述べる(近藤 1987a：118)。道徳教育、(近藤自身の言葉では)情操教育は、かならず確固たる①の積み木の存在を前提としているのである。

　『集団主義とこころの発達』の新版(新日本出版社、1979年)のなかで、近藤は、子どもの自己中心性は、その「感覚的」な性格から生じてくると述べている。この「感覚」は、情緒の源であり、子どもの活動を突き動かすものであるが、それのみに突き動かされている限り、「他人の立場」を理解し、内面化することはできない。「子どもは本来、感覚的なのです。自分の視野、自分のつごう、自分の情緒でしか外界を見ていません。放任しておけばいつまでもそういう自己中心性が温存されるのです。幼稚園や保育園にいっていると、さまざまな形で、「他人の立場」というものを考えるようにしむけられます」(近藤 1987a：47)。いわば、このような「感覚」の衝動性を、言語に媒介された「理性」によって制御する能力を獲得することこそが、近藤における情操教育の一つの目標であるといえるだろう。

　以上のように、近藤が、知育と徳育の統一的把握を試みていたことに関しては、すでに中村和夫が言及している。中村は、近藤の「知性と感情の相互作用」に対する捉え方が、ピアジェの認識と「共通」していると指摘する(中村 1979：21)。中村は、ピアジェにおいては、「精神的活動の構造的側面を知的活動とし、エネルギー的側面を感情的活動であると把握」されているとする(中村 1979：20)。この把握の仕方が、中村の見るところ、近藤の「知性は感情のいれものであり、感情は知性のエネルギーである」というテーゼと類似しているというの

である（近藤は、心理学者の茂木俊彦や村越邦男、保育者と継続的に開催していた読書会において、ワロンの『子どもの思考の起源』（明治図書出版）を取り上げていたし（近藤　1987c：269）、自身が依拠するパラダイムとして、生物学だけでなく発達心理学をも位置づけていた）。確かに、近藤は、「勉強」に向かっていくモチベーションは「感情」が提供するという。「感情がおもむくことなくして、知的活動はありえない」（近藤　1987c：203）。このような近藤のピアジェへの接近は、「ピアジェが生物学畑の出身であることを知って、何となく親近感を覚え、一生けんめい読」んだ経験に由来するものと考えられる（近藤　1987d：184）。

　これまで見てきたような近藤の二項対立的思考への批判は、乳児保育における養護と教育の一体性についての主張の中にも見出すことができる。『百万人の保育教室』（1974 年）においては、近藤は保育を次のように定義している。すなわち、保育は「乳幼児に対する養護と保育とを一体化した営み」である（近藤　1987a：2）。この保育の定義は、次に見るように、人間の発達に関する近藤の考えに適合するものである。

　近藤は、「養護」を、おむつかえ、食事、衣類着脱の援助など、子どもが発達上必要としている「お世話」だとする。近藤は、子どもへの働きかけの中で、「教育」と「養護」の両者が輻輳している（まじりあわない）という考え方を厳しく退けている。哺乳の背後にも、「教育的配慮と処遇」が必要とされるという。つまり、養護と教育は相互浸透し合っており、保育の中において、養護的側面と、教育的側面とを弁別して抽出することはできないというのである。近藤の言い方では、養護（世話）と教育は「表裏一体」である（近藤　1987a：13）。このことは、知的教育（教育的側面）と、情操教育（養護的側面）の総合性を説いたこととパラレルであるといえよう。

　近藤が、乳児保育における養護と教育の一体性について述べていることは、養護と教育を一体化しているものは、子どもと周囲の他者とのコミュニケーションであるということにほかならない。他者とのコミュニケーションを実現することが人間性の核心であり、同時に保育実践の本質と捉える見方は、上において見た「近藤理論」の積み木モデルにおいても見いだすことができるもので

あり、近藤のアイデアの核心を成しているということができるであろう。

　本章において見てきたように、知的発達と道徳的発達の並行性と、その並行性が他者とのコミュニケーション経験によって前進していくものであるという認識は、近藤の保育観の根幹にあるものであり、この認識から、近藤は知的教育と道徳教育を一体のものと捉えるようになったと考えられるのである。近藤における知的教育と道徳教育の一体化、総合化は、「保育、教育を貫く原理は同一であり、その原理と、人間性の基礎を成す原理は同一である」とする近藤の「人間-保育論」に由来するものなのである。

第 3 章の参考文献

　エンゲルス「猿が人間になるについての労働の役割」『マルクス=エンゲルス全集』（第20 巻）、大内兵衛・細川嘉六監訳、大月書店、1968 年。

　加藤繁美『子どもの自分づくりと保育の構造：続・保育実践の教育学』ひとなる書房、1997 年。

　近藤薫樹「子どもの発達と自然(一)：動物園と教育」『日本福祉大学研究紀要』44 号、1980 年。

　近藤薫樹「子どもの発達と自然(二)：人間の自己家畜化現象」『日本福祉大学研究紀要』48 号、1981 年。

　近藤薫樹「子どもの発達と自然(三)：比較育児論考」『日本福祉大学研究紀要』54 号、1982 年。

　近藤薫樹『保育の実践入門』（近藤薫樹保育著作集 1）、桐書房、1987 年 a。

　近藤薫樹『感情の教育』（近藤薫樹保育著作集 5）、桐書房、1987 年 b。

　近藤薫樹『保育の愛と哲学』（近藤薫樹保育著作集 6）、桐書房、1987 年 c。

　近藤薫樹『保育者・教師・父母に語る』（近藤薫樹保育著作集 8）、桐書房、1987 年 d。

　近藤薫樹・近藤幹生編著『挑まぬものに発達なし：近しげ先生の子育て人間論』（新版）、フリーダム、2013 年。

　宍戸健夫『保育実践をひらいた 50 年』草土文化、2000 年。

　宍戸健夫「解題『新版　挑まぬものに発達なし』に寄せて」近藤薫樹・近藤幹生編著

『挑まぬものに発達なし：近しげ先生の子育て人間論』(新版)、フリーダム、2013 年。

田島弥太郎・松永英『人間の遺伝』日本放送出版協会、1964 年。

中村和夫「精神発達における認識過程と感情過程の統一的把握をめぐって」『心理科学』
　　2、(1)、1979 年。

矢川徳光・城丸章夫編『幼児教育』(講座日本の教育 11)、新日本出版社、1976 年。

吉田直哉「「伝えあい保育」主要文献解題(1)：実践記録篇」『大阪聖徳保育・福祉論叢』
　　(22)、2017 年。

吉田直哉「「伝えあい保育」主要文献解題(2)：理論篇」『大阪聖徳保育・福祉論叢』(23)、
　　2018 年。

第4章　高橋さやかの文学教育論

「ことば」と「人格形成」を繋ぐ文学教育

　本章では、保育者・保育研究者であった高橋さやかが1950年代から80年代にかけて構築した、児童文学による幼児教育論の特色を明らかにすることを試みる。既に見てきたように、「伝えあい保育」においては、言語を人間性の条件と見なし、言語を介した相互的なコミュニケーションを深化する中で、子どもの社会性の発達を促そうとしていた。高橋は、児童文学を保育内容とした際の、子どもの発達のあり方について思索を深めている。

　高橋の略歴は次の通りである。彼女は、1921年福井市に生まれ、兵庫県立第二神戸女学校、福岡保育専攻学校を卒業した後、福岡市早緑幼稚園主任保母等を経て、福岡保育専攻学校教員、西南学院短期大学教授を歴任する。1985年活水学院理事、94〜98年まで同理事長を務めた。東京保育問題研究会会員を長く務め(1956年6月、1958年1月、1959年1月、1959年5月、1959年7月に会報巻頭論文を執筆)、2011年に没した。クリスチャンであり、イエスに関する説話集を編集している。福永津義(福岡保育専攻学校校長、西南学院大学短期大学部児童教育科長)は実母である。

　1950年代から、教育課程論に関する著作を刊行、同時に児童文学を通した保育内容に関する著述を続ける。保育内容としての言葉、児童文学に関する高橋の関心は最晩年に至るまで一貫して保たれており、児童文学論は、高橋にとってのライフ・ワークであったといいうる。『保育のための文学』から、『言語・文学教育と人格形成』、『言語・文学教育と人格形成』三部作に至るまで、その思想は一貫している。

言葉の獲得に対する高橋の認識：「こころ」と「コミュニケーション」の重視

　高橋は、乳児期におけるコミュニケーションの中における「心意」を重視する。「赤ん坊の生活、つまり最も初期的な人間の生活において、「ことば」とは、まさしく、それ自身単独の、そしてある程度にもせよ固定した意味をもつ単語としての存在であるよりも、何はさておき、まず、「心意を伴った音声」であり、「コミュニケーションの期待を起させる刺戟となるもの」なのである」（高橋1970：11）。「心意」の交流こそがコミュニケーションに他ならない。「子どもの行動反応からみて、「ことば」は、最初の時期には、「心意を伴った音声」であり、「自分とあいてとのあいだのコミュニケーションを期待させるもの」である。ただ、コミュニケーションは、単なる「心意」の交流にとどまらず、認知的意味を含みこんでゆく。次の段階では、「ことば」は、「知的追求——探究の手がかり」であり、「指示、指定、確認の手段」である。そして、意味内容をもつもの、——「心意の、常に普遍的固定的な表象、一定の方則をもった伝達形式」としての「ことば」が把握される」（高橋 1970：19）。コミュニケーションを介して「「ことばを体得する」……つまり、ことばの意味内容を身を以て経験・実験しながら、自分のものとしての認識を得、さらにその認識をより確かなものにしあげてゆくのである」（高橋 1970：17）。高橋にとって、コミュニケーションを介して獲得されたことばは、「コミュニケーションを期待させるもの（即ち心意を伴った音声）」、「知的な探求・確認の手がかり」、「心意の表象であり、一定の方則をもった伝達形式」という三つの特性をもつものとして把握される。言葉の獲得における他者とのコミュニケーションの根源性という高橋の認識は、彼女の人間観と響き合う。「人間は、共同してこそ人間である。人間は、共同するために、ことばを獲得するものとなったのである」（高橋 1986：68）。高橋が、ピアジェの児童の発話文に関する分類を「いくらか停止的（静止的）な感じが否めない」としているのも（高橋 1970：26）、関係性のなかにおけるコミュニケーション媒体としての言葉の側面に、彼女が重きを置いているためだろう。

「心意」の伝えあいとしてのコミュニケーションに言葉の獲得の根源を見出す高橋は、同時に、「人格の形成過程と、言語の獲得過程において、個体に働らきかける条件（有意的な）は、同一または共通である場合が多い」（高橋 1970：31)と述べて、人格の形成と言語の獲得が並行的に進むことを強調する。高橋にとって、人格とは「こころ」である。ことばは、「こころ」から発せられ、「こころ」に働きかけるという点において、人格の形成に影響する。「人のこころ。それは、人間のからだとともにある。性格は体質に密着しているし、能力は体力に密着している。こころ、というのは、そのような性格や能力が複合統一された全一体——人格——の、中核をなすものである(高橋 1970：401)。それゆえ、高橋は、人格の形成過程における言語の位置づけについて、「言語の獲得は、知能の発展—ひいては、形成される人格それ自体の一部をなすものである」（高橋 1970：31)と述べる。

　高橋は、人格が、獲得された言語によって規定されると同時に、それによって形成された人格が、さらに言語獲得の主体としても立ち現れるという相互作用に着目しているといえよう。「人格の形成過程と、言語の獲得過程とは、時期的にも条件的にも相互に重なりあっている。そして、「どのような」ことばをもつ(もった)か、ということは、どのような人格が形成されたか、ということと密接に連繋する」（高橋 1986：34)。つまり、言葉の獲得と人格の形成の二つの過程は、相互的な因果関係で結ばれているというのである。この点について、高橋は次のように述べている。「[引用者注・言語論、文学教育論を執筆するに当たり、著者の高橋が]努力したところは、人間の、社会人としての生活の中で働きつづける「ことば」、社会全体における、かかわりあい・コミュニケーションの実態としての「ことば」を、直接、人間のあり方そのものとして把握しよう、とすることである。ことばをもち、ことばをつかうことは、人間のあり方の、過半を制している現実なのである。ことばのあり方が人間のあり方を定めている。また、人間のあり方がことばのあり方を定めている」（高橋 1986：225)。

言葉の機能の三側面と子どもにおける言葉の能力の発達

　高橋の見るところ、言葉には三つの機能がある。そして、この三つの機能的側面は、おおよそこの順に、子どもが発達のプロセスの中で獲得していくことが想定されている。

　第一に、「知識としてのことば」の機能がある。知識としてのことばは、子どもにとって「受容の対象」であることが特徴である（高橋 1970：47）。つまり、知識としてのことばは、子ども自身が創り上げるものではなく、歴史的・社会的に付与されてきた意味を有することばを、既成のものとして獲得するものとして、子どもに経験されることになる。高橋によれば、知識としてのことばの教育は、「4〜5歳後」からなされるのでよい（高橋 1970：50）。

　たしかに、高橋が「現代に生れてくる子どもにとっては、ことばは明らかに、自分のまわりに、自分よりもさきに存在している実体である」と述べるように、幼い子どもにとって、言葉は疎遠な存在、あるいは既に構築された社会的事実、規則の体系として現れてくる。子どもは、そのような外在的な社会的規則の体系としてのことばを、受容していく努力を払わねばならない。例えば、子どもが最も初期に触れるであろう文学の形式の一つ「子守りうた」は、既に形成されたものを、子どもは聞き取るほかないという点において、「受容の文学」である。「子守りうたは子どもがもつ——子どもによって所有される——文学、とはいっても、子どもの側のあり方からいえば、全く、といえるほど、うけ入れ一方の、「受容の文学」である」（高橋 1970：145）。このような受動性から出発して、子どもは徐々に、ことばの使い手としての主体性を獲得していく。ことばを、自分の意志、あるいは目的を実現するための「道具」として見出してゆくのである。

　第二に、「道具としてのことば」の機能がある。「ある目的のためにある活動——はたらきがなされるに際して、つかわれるもの、という道具としての性格」を、ことばは持つ。「目的とは、表現することであり、意欲・意志の伝達」である（高橋 1970：49）。いわば、表現とコミュニケーションの媒体としてのことば

である。道具としてのことばの登場は、知識としてのことばの登場より早期に見られる。「道具として、ことばがよくつかわれるのは、8ヵ月から1ヵ年に近づくころにはじまり、1ヵ年から1年6ヵ月ごろ第一の最盛期を迎える」（高橋1970：50）。このように、子どもが道具としてのことばに習熟する過程と並行して、ことばは子どもの人格形成に強く影響を与えていく。高橋は言う。「子どもは、ことばを少くとも半ばは「既成の事実——実体」としてうけとらないで、自分自身を形成し発展させていく中で、自分のことばを、自分のものとして捉えなおしていく、ほとんどつくりあげていく、といってもよいような経過をたどる」。つまり、子どもにとって言葉は、ある点では既成規則の体系でありながら、その規則を内面化することによって、自分自身を人格として形成するための媒体でもある。そのように、言葉が、人格と絡み合い、一体化した時、「人間がもっていることばは、ひとりひとりにおいてそれぞれ独自なものであり、ひととなり——パーソナリティがちがうように、みなちがったことばをもつようになる」（高橋 1970：35f.）といえるのであろう。

　第三に、「技能としてのことば」の機能がある。ことばの使用の側面を重視する高橋は、「「ことばをもつ＝ことばがつかえること」が、「先ず、技能としてのことば」の第一段階」であると述べる。その上で、「「思ったとおり話せる、こだわりなく、らくらくと（自由自在に）話せる」ということが第二段階」に位置づく。「最後の段階に、「自分で考え、くふうして、話を内的にも選択し、巧みに構成し、正当に順序づけ、円滑に発言（発話）する」ということが考えられる」（高橋 1970：61）。「技能としてのことば」の使用は、第一、第二のことばの機能の巧緻化ともいうべき側面であり、第一、第二の機能への熟達ということもできるであろう。

　三つのことばの機能が十全に獲得された時、子どもは、円滑に他者とのコミュニケーションを行うことができる。高橋にとっては、「話しあうこと」は単にコミュニケーションとして、「心意」の交流、交感を実現するだけでなく、認識上の意味も持つ。「「話すこと、話しあうこと」の中で、子どもたちは、意識をことばにかたちづけ、そして確認する。「話すこと話しあうこと」が、しっかり

したかたちをとるときは、意識は最もたしかに、話し手自身のものとなったのである」(高橋 1970：80)。当初の「限定された自分」が、他者とのことばによるやり取りによって、自分のあり方を他者の視点から相対化される。複数の他者の視点を内面化することによって、「意識をかたちづけること」(高橋 1986：70)が可能になる。いわば、自己認識が可能になるのである。「子どもの「限定された自分」から出た「欲求」に対して、「何故？」「どうして？」「それで何するの？」「それがほんとうにいいこと？」と反問し、ほんとうに必要であり、よいと判断できるものに対しては「(それを得るには)どうしたらいいか？」をさらに問いかけるとき、子どもは自分の全体としての欲求の本体を知り、まわりとのかかわりあいにきづき、目的を達成するための手つづき——手段・方法に考え至るものとなる。このような過程の中で、子どもはより一そう自分自身を把握し、自分のあいてを認識する。それも、かかわりあいにおいて満足を得ようとすればするほど、自分をもあいてをもよりよくみつめ、自分とあいてとの間の「伝えあい」を活発にする必要に迫られることになる。やがて、「自分とあいて」の「あいて」は一対一ではなく、多様な多面的な「あいて」が意識の中で明らかなかたちをとるようになる。「自分」もまた、「ひとりだけの自分」ではなく、「自分たち」「自分たちみんな」に発展する」(高橋 1970：81f.)。自己認識を他者への認識を介して形成することこそが、集団性を作り上げるための重要な条件となるのである。

子どもと文学のメディア／触媒としての保育者

　高橋にとっての児童文学論の嚆矢となった『保育のための文学』においては、「幼児とともなる文学」を、「耳から入る文学」「目から入る文学」「想像から創造へ」の三つの段階に分類している。「耳から入る文学」には、子守唄、リズム話、童話、伝承・説話などが含まれ、「目から入る文学」には、「絵をみながらの話」「人形劇」などが属し、「想像から創造へ」の移行においては、ひとりごとから、会話の発展、複雑な話の構成に至るまでのコミュニケーション過程の

深化が捉えられている。このような三つの段階の深化は、文学をメディアとした子どもと保育者の関係性、あるいはコミュニケーションのチャンネルの変容をも示しているであろう。

　文学教育は、文学を介した保育者と子どもとの間のコミュニケーションであり、同時に、子どもと文学の間に起こるコミュニケーション（子どもによる文学の内的理解）によって実現される。この二つのコミュニケーションが結合したところに、文学教育が成り立つといってよい。「文学と子どもとの間に起こるコミュニケーションと、教育者——語り手と子どもとの間に起こるコミュニケーションと、その二つがうまく重なりあわなければ、文学教育は成り立たない」（高橋 1970：117）。高橋において、文学教育は、保育者を巻き込んだ子どもと文学の相互作用、あるいはコミュニケーションのプロセスの中でこそ実現しうるものなのだ。

　子どもに文学教育を行う主体としての保育者に求められることとして、高橋がまず挙げるのは、物語の中へ没入することである。「心をとめて、また心躍らせてよむこと、話の中に入り込み、話中の人物にいつかなり代る（変る）気もちでよむことが肝心なところである。要するに、「本気になって」よむことである」（高橋 1986：193）。物語の中への保育者の没入とは、いわば保育者の自己意識の滅却に他ならない。「本当によい話し方は、話し手の自意識がすっかり没却された時に生れてきます」。つまり、「自分がすっかり話の中に入りおおせること」が重要なのである（高橋 1955：193）。

　物語の世界に没入しうる精神的な純粋性を求める高橋は、物語に、純粋性、真実性を追求する。「本ものを、本ものを、と強調したものの、中間者の介在が、文学の文学たる本質をすりかえてしまうおそれがまた多分にある」（高橋 1970：287）。つまり、保育者は、文学と子どもの間の「中間者」として振る舞ってはならない。文学は、その形式のまま、真実性を保ったまま子どもに提供されるべきなのであり、「中間者」としての保育者が、文学の形式を恣意的に改変することは忌むべきことである。

　保育者による物語への没入は、物語への深い理解があってこそ、初めて可能

になるものだ。物語への深い理解は、物語の中に伏在する生活体験に通じ合う、保育者自身の生活体験の豊かさによって獲得できる。「良く感じ、理解することができるためには、子どもに、そして文学に、常に親近し、相互に触れあい、共鳴しあい、豊富な共通経験をもつこと以外に方途はみつからないと言うべきであろう」（高橋 1986：194）。

　高橋にとって、物語は理解の対象であり、同時に子どもも理解の対象である。そして、その理解の媒体となるべきものが、生活体験の共有への気づきであるということについては既にふれた。「子どもを理解すること、子どものことばを理解すること、そして文学を理解すること、これらはすべて軌を一にしている」（高橋 1986：194）。高橋の口吻からは、子どもをテクスト的存在として見る視座がかいま見える。ここには、子どもを読解による解釈の対象として見る子ども観が示されている。それはすなわち、解釈可能性に開かれた存在としての子ども観である。

文学教育の出発点／到達点としての「こころ」

　高橋には、「文学教育」における「教材主義的な発想、主知主義的なあつかいがあまりにも多く行われている」ことへの批判的意識がある（高橋 1970：210）。「ことばは、少くとも初期の段階においては、「知識として与えられる」というようなものではない」（高橋 1970：34）。高橋は、言葉を「知識」として見なす主知主義的な立場に対して、「ことば」を、「こころ」との関わりで捉える文学教育を目指そうとした。「「こころ」あっての「ことば」である。そして、文学は、心の感動から発して、ことばをつづりあわせることによって体を成したものにほかならない」（高橋 1970：210）。例えば、高橋は次のように述べる。「文学を――アンデルセンならアンデルセンの作品をうけとることは、その作品のせかいに生きることであり、作品の中に息づいている感動を、身をもって体験することなのである」（高橋 1970：116）。その感動の機序を、「りくつ」として言語化することはできない。「文学はりくつではない。りくつで納得できるもの

を与えたい、とするのではなく、心でうけとめ、よろこび得たものを与えるべきである」(高橋 1970：284)。

　このように、「こころ」というのは、高橋にとって、言語化を超越した「感動」の培地に他ならなかった。「こころ」は、すでに見た「心意」が生じてくる母胎なのである。「心の成長とコトバの獲得、——言語教育が、ただ、「言語を教える」ことであるとみられやすいことに対して、多少とも、根本的なところから、つまり人格形成の基礎的な問題との関連において、反省を加えることが必要ではないだろうか」(高橋 1970：34)。このように述べる高橋は、心と人格を同一視すると同時に、両者の相携えあう成長・形成を促すもの、そして両者を媒介し架橋するものとして、言語を位置づけているのである。「こころ」において生じた「感動」を共有し合うことこそが、高橋におけるコミュニケーションであり、それを可能にするものこそがことばなのである。「人間が人間としてのコミュニケーションを成立させようとする最も中核にある機能こそ、ことばの動因である」(高橋 1970：34)。

　既に見たように、高橋は、文学を心の形象化として捉えている。「文学の中のことばは、「かたち」にとどめられた心である。文学という形において、手にとることのできる、客観視に堪える、——もともとはとらえ難い、形をもたないものであるところの——「心」である」(高橋 1970：109f.)。

　そして、文学の特色としてのことばのリズムは、「心の動き」を反映している。文学の中のことばの特色として、高橋は、「意味と、リズムと、調子——ニュアンス」を挙げ、それら三つが、「心と、心の動きと、その動き方とを映している」(高橋 1970：100)。

　そのことは、「文学の中に人間が、あるいは、人格——パーソナリティが、しっかりと存在することと重っている。文学の中で、人間——人間性が(それは、文学の中に登場する人間のそれであり、また文学をなした人間、つまり作者・記述者のそれである)生きてはたらいていることと、不可分」だとされるのである(高橋 1970：100)。

文学による身体運動の触発

　高橋によれば、文学が揺さぶりをかけるのは心に対してだけではない。文学の特色としてのことばのリズムは、「心の動き」を反映しているが、このリズムとしての「心の動き」は、身体感覚への揺さぶりをも引き起こさずにはいない。文学が持つリズムが、子どもの内部的イメージに揺さぶりを掛けて変容させ、それが不意に身体の動きを触発する。文学によって引き起こされる身体の動きを、高橋は「体現」と呼ぶ。文学と身体の関連について、高橋は次のように言う。「童話をきくということは、子ども——特に幼児——にとって、殆ど、身を以て体験するのに近い、それほど印象の鮮やかに強い経験です」(高橋 1955：90)。つまり、子どもは、文学に関わる時、ほとんど擬似身体的といってもよいような鮮烈な経験を味わっているというのである。

　高橋にとって、ことば、そして文学は、身体の運動、あるいは音声としての物理現象に基盤を持つ。「文学——ことに、子どもにとっての文学は、話されるもの、語られるものとしてまず存在する。さらにその前に、音として、振動——揺れ、として伝達されるということもできる。文学はことばによる存在であるし、ことばは音声と身ぶり・表情とともに存在し、かつまたものそれ自体とともに存在する。……文学が子どもにうけ入れられることは、ものがその質量を伴って動く——移動することである」(高橋 1970：270)。

　文学を構成する言葉は、身体という場に音声化され、活動化される。それゆえ、文学による感動は、身体運動を惹起するのである。高橋にとって、言葉を発すること、発声することは、何よりも身体的行為なのである。身体的行為がなされることによって、身体を媒体として、心もまた揺り動かされる。「文学を読んだり見たりするとき、わたくしたちは多かれ少なかれ体現しようとする——少くとも自分の内部的イメージとして形をつくり捉えようとする傾向を半ば無意識のうちにももつからである」(高橋 1970：271)。逆に言えば、「よむほどに、よみすすむほどに、こちらが思わず動作をしてしまうような、少くとも、情景を思い描いてはこわしまた描き出すような、そういう運動をしないですむ

ようなら、それは感興に乏しい文学」だということになる(高橋　1970：271)。
「心の感動」は、身体においていわば「体現」されることで、その「感動」が、
子どもの中に確かな足場を獲得することになるのである。

　このような身体運動を特に惹起しやすい文学形式を、高橋は「韻律・反復の
文学」と呼ぶ。「韻律・反復の文学」は、「身体活動や技能訓練に力強く関与す
ることにおいて重要なもの」である(高橋　1970：179)。その一方で、対象物や
情報を複数列挙するような「羅列の文学」は、高橋にとっては、「知識・知能と
のかかわり、さらには思考活動とのかかわりにおいて重要」だと見なされるの
である(高橋　1970：179)。保育者にとっては、文学を形式においてカテゴリー
化する視点は、その文学を子どもの発達にどのように関わらせるかを考察する
際に有意義な視点となる。

文学教育の基盤としての「生活」

　文学教育は、子どもの「生活」の中に基盤を持つときにのみ、実現しうると
高橋は考えた。「文学にふれること、文学を与えられること、また、自分でつく
り出すこと、それらはすべて、幼児の生活経験であるという点で一に帰します」
(高橋　1955：31)。さらに高橋は言う。「童話は子どもにとって理解の対象では
なくて、生活体験それ自体と同等の意味をもつのである」(高橋　1970：198)。
高橋にとって、子どもの文学経験は、生活経験そのものである。

　童話が子どもの生活や、そこから触発される感情に関わりをもつとき、その
童話は子どもに影響力を持つ。「童話は屡々子どもの生活感情を再現して居り、
それ故に、子どもに限りないしたしみをもたせるものです」(高橋　1955：85f.)。
「子どものよく知り、味わっている生活、また、観念的に(そう思い込んでいる)
生活の中で感じている事がらや現象が、明らかに再現されていることは、子ど
もをたのしませよろこばせずにはいないものです」(高橋　1955：86)。子どもの
生活が、童話の中で「再現」されるのを理解するとき、子どもはその文学を十
分に自分のものとして玩味することができると高橋はいうのである。

　歴史の中で、既に作者が匿名となった民話においても、そこには生活と生活者が存在しており、子どもは民話を聞くという行為の中で、物語の中の生活者に同化し、その生活をいわば自分の生活体験として追体験する。「作者がとっくに埋没してしまったもの、一般に、民話とよばれる一群の話にしても、すぐれたものには、その話の中に必ず生活があり、生活者があって、話しをきくものに迫ってくる。子どもは、その生活を生活し、その生活者に自分がなる――生活者と同化するのである」（高橋　1970：117）。なぜ、子どもが、古くからの民話や説話にすら同化できるのかといえば、それらの物語の中にはある種の普遍的な心の動きといえるものがあり、それと子どもの心の共振が起こるからである。「伝承・説話の本質は、人間の心理の共通性と、共通した心理における感動、にあるといってよいでしょう。万人の、あらわさずにはいられない心、それを言葉にあらわしたものが、人間の間に共鳴をよんでかたりつたえられ（空間的、時間的に）物語、おはなし、になるわけです」（高橋　1955：65）。逆に言えば、民話が子どもの心を揺さぶり、子どもたちの心へと同化してくるのは、民話がもたらしてくる「感動」が「生活」の中で育まれたものであり、子どもの「生活」が、物語の中の「生活」と通底し、共鳴し合うことによって、子どもは民話の「感動」を自らのものと感じ取ることができるのである。

文学教育の目的としての統一性ある人格

　高橋によれば、文学教育には、文学を理解し、鑑賞し、創造する「狭義の「文学教育」の側面」と、「人格形成の一つの手段としての「文学による教育」」という二つの側面がある（高橋　1970：111）。高橋がより重要であり、より根源的であると見なしているのは、後者の広義の文学教育、人格形成と一体化した文学教育である。「言語・文学教育と、人格形成とは、もともと別個ではなかったのである。言語は、人格形成の主要な動機に必ず介在している」（高橋　1970：405）。広義の文学教育において、子どもの「成長発達」は、文学と接することによって生じてくる。「文学教育は文学において存在する教育である。文学と同

時的に、——子どもの活動、子どもの成長発達が、文学がそこに提供され、文学が働きかけてくる、その働きと連動して成立するとき、文学教育が成立する。「ことば」も「文学」も、教育の目標(としての教材)なのではない。それは、最もアプリオリな意味での、モティーヴ(motive 動因)である」(高橋 1986：224)。文学を理解することは、目的なのではなく、既に文学を理解することが、人格形成と一体となっているという意味で、文学教育は教育目標としても位置づけられるのである。

　文学は、形式上の統一性、あるいは構成的な性格を持つ。文学の定型的性格は、子どもの体験や感情、知識は往々にして連続性を持たぬ散発的なものであることと対照的である。「「形」があること、即ち完結していることにおいて、実生活でしばしば出あうような、中途半端なふっきれないきもちをのこさないで、いつも解決なり満足なりを示し伴っているところに、文学教育の強味が考えられる」(高橋 1970：111)。子どもは、そのような統一的・構造的形式に触れることにより、人格のさまざまな側面がいわば整序される。すなわち、文学の統一性が、子どもの人格の統一性を生み出すというのである。高橋はいう。「文学を子どもに与えることは、第一に「体を成しているぜんたい」を与える、ということにおいて意義がある」(高橋 1970：110f.)。文学は、「ばらばら」でないところに存在意義がある、子どもの体験や感情、知識は往々にして連続性を持たぬ散発的なものである。それらを整序し、秩序立て、組み立てていく際、文学は大きな役割を果たす。高橋は、次のように述べる。「個々ばらばらな知識、個々ばらばらな感情、個々ばらばらな意欲………そのようなものではなく、ことがらが、ものが、人間が、動物が、すべて、現実の世界・現実の生活と生活と同じように、生き生きと有機的に互いにつながりあい、関係をもちあい、自然と一体になって与えられる——子どもの中に浸透していく、そこに、人格形成のために、また成長する心のために、なくてはならぬ力強い影響(つまりは教育のはたらき)が実現される」(高橋 1970：111)。

　人格の統一へと転写されていくような文学の秩序的な普遍性とは、高橋において、文学の不変性に見出されているように思われる。文学の不変性を如実に

体現しているのは、「古典」に他ならない。「文学を対象として、何に親しむべきか、といえば、先ず「古典」をあげることになる。永い時日を経て今にのこるものには、それに堪え得る真実・真理がこもっているはずだからである」(高橋 1986：194)。つまり、高橋にとっては、歴史の中で鍛え上げられ生き残ってきた「古典」が内在させる「真実・真理」こそが、「古典」に統一性と不変性＝普遍性をもたらしているのである。「古典」も文学である以上、当然作者が存在しているはずである。それゆえ、その作品には、紛れもなく作者の独自性、創造性が刻印されているはずなのだが、文学は、その形式において、その独自性と普遍性とが止揚されている。「文学(というに足る文学)の中では、ことばは、作者(記者)独自のものであるとともに普遍的に一般に通用するものである」(高橋 1970：97)。作者の独白が、同時に普遍的に子ども自身の語りと同化するような文学、それこそ、高橋が「人格形成」の触媒として、最も重視するような文学に他ならないのである。

第4章の参考文献

高橋さやか『増訂：保育のための文学』博文社、1955 年。

高橋さやか『子どものコトバと文学』新読書社、1966 年。

高橋さやか『言語・文学教育と人格形成』新読書社、1970 年。

高橋さやか「幼児教育の内容」坂元彦太郎ほか編集『教育内容と方法』(幼児教育学全集第2巻)、小学館、1971 年。

高橋さやか『子ども・コトバ・文学』(言語・文学教育と人格形成Ⅰ)、新読書社、1986 年。

高橋さやか『子どもの世界・物語の世界』(言語・文学教育と人格形成Ⅱ)、新読書社、1987 年。

高橋さやか『児童文学作品・作家論』(言語・文学教育と人格形成Ⅲ)、新読書社、1989 年。

高橋さやか「子どものこころの成長とことばの獲得：〈ことば〉から児童文学を考える(2)」『日本児童文学』40、(2)、1994 年。

東京保育問題研究会編『保育問題の20 年(1)：会報巻頭論文集』博文社、1972 年。

東京保育問題研究会編『伝えあい保育の 25 年：東京保育問題研究会のあゆみ』文化書房博文社、1983 年。

第5章　斎藤公子の身体表現論

生物学・医学とのインターフェイス

　本章は、保育者の斎藤公子(さいとうきみこ)(1920-2009)の保育実践論のうち、身体表現論、特に彼女の「リズムあそび」論における、動物のメタファー、特に進化論に由来するメタファーに着目し、彼女の身体表現論の主題を明らかにする。惟任(2018)も指摘しているように、斎藤の保育実践論に関する論究は、その影響力に比してきわめて僅少なものにとどまっているといわざるをえない。ただ、惟任(2018)も、彼女の略歴、および保育実践論を、「自然のなかでの学び」「絵を描くこと」「リズムあそび・リズム運動」「集団づくりと障害児保育」の4つの側面から概略的に捉えているに過ぎず、斎藤の保育実践論の中軸を成す「リズムあそび」をめぐる身体表現論、あるいは身体運動論の思想的背景を検討しているわけではない。

　中村ほか(2016)は、斎藤の保育実践における「知的な育ち」を促す側面について検討を加えている。中村らは、そこで、斎藤の保育実践の特色として、ヘッケルの「個体発生は系統発生を繰り返す」とする主張から、「乳幼児の発達の順序性を明らか」にしたこと、手足の運動を重視し、「運動神経と感覚神経とを統一的に把握することで子どもの知的発達を促」そうと試みたことなどを挙げている(中村ほか 2016：105f.)。ところが、「乳幼児の発達の順序性」と、「運動神経と感覚神経とを統一的に把握」することが重視された理由、および両者の連関について、中村らは言及していない。

　宍戸(2010)は、斎藤の障害児保育の実践記録に即して、彼女の実践の特色として、自然のなかでの体験を特に重視して表現しようとすること、リズムあそびを含む全身運動を重視することを挙げているが、なぜそれらが重視されるに至ったのかという思想的な背景については触れていない。本章では、以上のような先行研究の不備を補い、斎藤のリズムあそびを中心とした保育実践の思想

的背景を明らかにする。

　斎藤の言説を検討するに先立って、斎藤の自伝的著作に基づき、簡単に彼女の略歴を振りかえっておく。斎藤は、1920年富山市に生まれ、両親の出生地である島根県隠岐に育つ。母親は助訓導であった。1928年には仙台へ転居、1938年に東京女子高等師範学校保育実習科に入学するまで仙台で生活した。翌年、同科を卒業、その際、盛岡師範学校附属幼稚園主任教諭の辞令を拒否、託児所への就職希望を示したため、「危険思想にかぶれた」のではないかと疑った両親によって実家に召喚され、19歳の時、蘭領ジャワで就労する男性と結婚、ジャワで3年を過ごす。戦後、内地への引き上げ後離婚、実子と離別する。1948年、東京のキリスト教系の愛隣園というセツルメント保育園に保育者として就職、7年ほど勤務した(斎藤 2011：259)。1954年、愛隣園を退職、埼玉県深谷市内の保育所の主任保母となるも、2年で解雇され、在籍児たちの父母の支援を受けつつ、1965年さくら保育園を開設する。1967年には農村部の季節保育所、1971年には分園であるさくらんぼ保育園を開設した。保母として精勤しながら、松川事件を冤罪として非難する運動に加わるなど、日本共産党員としての活発な社会活動を展開する。北埼玉保育問題研究会会長を務めるなど、保育問題研究会との関わりが深かった。2009年に心疾患のため88歳で急逝した。

　斎藤は、70年にわたる保育者としてのキャリアの中で、保育実践記録など多くの著作を刊行しており、そのうちのいくつかは没後の現在も版を重ねている。斎藤の著作の特色として、考古学者、生物学者、脳科学者等、生物科学諸分野の研究者との活発な交流・対話の影響が見られることが挙げられる。例えば、『斎藤公子保育実践全集』全5巻(創風社)にも、埼玉に在住していた哲学者の柳田謙十郎、生物学者の井尻正二、教育学者の宍戸健夫らとの対談記録が収められている。特に、柳田謙十郎、井尻正二との関わりは深いものであった。斎藤は、柳田の著作集を保育者との集団学習において取り上げたほか、『労働と人間』(学習の友社)、『マルクスの人間観』(青木書店)など、柳田の著作をテキストに指定し、学習会を継続した(斎藤 2011：258)。生物学、動物学を専攻する研究者との交流は、古生物学者の井尻正二の著作『ヒトの直系』に触れたこと

をきっかけに深められたという。井尻を介して、京都大学霊長類研究所との交流の中で叢書『みんなの保育大学』全13巻(築地書館)が刊行された(斎藤 2011：258)。本シリーズの著者は、井尻のほか、久保田 競(きそう)(生理学者)、三木成夫(しげお)(解剖学者)、大島清(性科学者)、近藤四郎(人類学者)ら生物学系の研究者のほか、歯科医、耳鼻科医、眼科医など、医師も含まれている。

　ただ、斎藤の著作には、対話篇や自伝に類するものが多い一方、保育に関するまとまった理論的・体系的著作は殆ど存在していない。斎藤自身、「理論的にいえばエンゲルスやクルプスカヤなどに学んでいるけど、実際的な判断ややり方は、私の子ども時代、隠岐の島での実生活と労働の中できたえられたものでしょうね、この両方があると思う」(斎藤 1987：116)と述べているように、斎藤の保育理論は、つねに生活実践と保育実践という、二つの実践の中で形成されてきたものである。そのため、斎藤の理論的言述は、実践の文脈の中において、あるいは彼女の生活経験の回顧の中において、断片的に、しかし反復的に吐露されていくことになる。彼女の保育理論・保育思想を再構成するためには、それらの散発的に発表された文章の中から関連する断片を収集し、組み立て直すという作業が必要となる。それにより、生物諸科学、小児医学、脳科学のブリコラージュ(レヴィ＝ストロース)としての斎藤の保育思想を蘇えらせることができるであろう。

リズムあそびの発案の機縁としての障害児保育

　斎藤の実践を広く世に知らしめた著作は、1976年に写真家の川島浩と組んで出版した実践記録『あすを拓く子ら：さくら／さくらんぼ保育園の実践』(あゆみ出版)である(宍戸 2017：227f.)。本書の中で、斎藤は障害児保育に強い関心を示している。斎藤は、障害は、その原因を除去することにより「治療」することができるという信念を抱いていた。リズムあそびも、本来は障害児保育のカリキュラムとして構想されたものである。

　知的障害児研究の祖とされていたエドゥアール・セガン(1812-1880)の研究で

知られた清水寛(埼玉大学教授)から示唆を受け、「運動能力の欠如は精神薄弱の結果というよりむしろ原因になっている」というセガンの思想に斎藤は共鳴した。彼女は、「子どもにとっては、はげしい全身運動が必要であることは、人間の歴史が教えてくれている」という認識に立っており、0歳児を「ベッドの中で育てるのをやめ、戸外に出」すなどし、子どもの身体機能の発達に沿った活発な身体運動を重視する(宍戸ほか 2010：96)。斎藤が、子どもの活発な身体運動を促進するために構想したプログラムがリズムあそびである。ただし、斎藤は、このリズムあそびを、障害児に対するメソッドとして限定するのではなく、健常児に対しても導入しようとする。「私たちの園では、自閉児、知恵おくれの子どもの発達には、このリズム遊びは欠かすことのできない大切なプログラムの一つにしている。またこのことは、すべての子どもの全面発達のために大切なプログラムであるということを意味する」(斎藤 1976：95)。斎藤にとって、リズムあそびは、障害児に限らず、「すべての子ども」の発達を促しうる普遍的なメソッドだったのである。

乳幼児期からのリズムあそびにおける進化論的メタファーの導入

斎藤のリズムあそびは、乳児期から開始される。斎藤が、身体発達の臨界期は乳児期に存していると考えるのは、乳児期において子どもには既に重要な能力が獲得されているという、乳児の有能性に対する確信があったためである。斎藤による乳児の有能性に対する信頼は、ポルトマンの「生理的早産」説への違和感として表明される。斎藤は言う。「ポルトマンという人が「人間は非常に弱く生まれる、非常に未熟で生まれる」という学説を発表したんです。人間が猿から進化したのは、猿の未熟児こそ人間の祖先だと考えると理屈が合うというわけです。ポルトマンは、親の長い介護を必要とするこの弱さこそ、人間の発達の秘密だと言ったのです」(斎藤 1989：188)。「私[引用者注・斎藤]は1976年に、ポルトマンの「個体発生は系統発生を反復するなんてナンセンスだ」という説に疑問を感じました。学問的にではなく、子どもを観察している立場か

ら、どうもおかしいと思ったわけです。先天異常児に、先祖帰りのような様相
が現れることがあるのです。こんなときに、井尻先生の本を見ましたら、個体
発生と系統発生の関係を書いていらしたので、「ああ、この先生から学ぼう」と
思って、先生にお手紙を差し上げて、「みんなの保育大学」が始まったわけです」
（斎藤・井尻 2016：49）。斎藤の古生物学への関心とその知見の摂取は、ポルト
マンへの違和感から、個体発生と系統発生のパラレリズムを直感的に納得した
ことから生じてきたといえる。

　それと同時に、「生理的早産」説への批判は、子どもを完全に未熟な存在とは
見ないという子ども観、子どもの中に有能性を見てとる子ども観を生み出す。
「ポルトマン的なとらえ方を全部否定するわけではないけれど、子どもを弱い
とだけ見るのは非科学的だということもわかってきたわけです。赤ちゃんのも
っているさまざまな反射を調べているうちに、「弱さ」の見直しがはじまったん
です」（斎藤 1989：188）。子どもを有能な存在として見ることは、子どもの中
に、太古からの進化の遺産が受け継がれているはずだという発想へと斎藤を導
く。斎藤は、子どもの発達と生物進化とのパラレリズムの根拠を、個体発生に
おける系統発生の再生、いわゆる反復説に求めようとする。ただ、斎藤の発達
＝進化のパラレリズムは、ヘッケルの進化論に直接的に依るものではなく、フ
リードリヒ・エンゲルス（1820-1895）からの影響を受けて形成されたものである。
斎藤との共著の中で、広木克行は次のように指摘し、エンゲルスから斎藤が反
復説的なアイデアを取り出したことを示唆している。「エンゲルスは、『猿が人
間になるについての労働の役割』の中で、「…母胎内の胎児の発達史が、単細胞
生物から始まるわれわれの祖先の動物の幾百万年の肉体発達史の短縮された発
達史にすぎないように、人間の小児の精神発達も、おなじ祖先の、すくなくと
も後期の祖先（人類-広木）の精神発達のさらに短縮された反復にすぎない」とい
う有名な一文を書いています」（斎藤 1989：201）。

　さらに、発達＝進化のパラレリズムの正当性の根拠は、スウェーデンの写真
家レナード・ニルソンによる子宮内の胎児の写真集にも、いわば視覚的＝形態
的に求められるとされる（ニルソン他『生まれる：胎児成長の記録』講談社、1981

年)。「事実がわかると、ポルトマンのような説[引用者注・個体発生は系統発生を反復するわけではないという説]は、もう論争の余地がなくなりました。魚類のような状態から刻々に変わっていくところが、生きたまま写せるわけです」（斎藤・井尻 2016：50）。ニルソンが撮影した胎児の変化のプロセスを見た斎藤は、胎児と生物との形態上の類似に注目し、この形態的類似性こそが、子どもの発達と進化のパラレリズムの正当性を支えるものだと考えるのである。斎藤と対談した広木が述べるように、斎藤には、「人類としての人間の進化と、一人ひとりの子どもの発達を重ね合わせ」る思考がある（斎藤 1989：147）。子どもが胎児期にたどった発達＝進化のプロセスを、誕生後、乳幼児期においても再度辿り直すことで、子どもの発達＝進化を促そうと試みるのが斎藤のリズムあそびに他ならない。宍戸（2017）が指摘するように、リズムあそびのなかには、「かえる」「とんぼ」「めだか」「あひる」「かに」「うさぎ」「うま」「でんでん虫」など、生物、特に動物をテーマにしたものが多くみられる。このことは、動物的な動作が、子どもの身体発達＝進化を促進するという斎藤の思想のあらわれであるといえよう。

　斎藤が、乳児期における身体発達を重視するのは、動物行動学者コンラート・ローレンツ（1903-1989）のインプリンティング（刷り込み）理論に基づいてのことである。「生まれたばかりのヒナ鳥は最初に自分に触れた鳥や物の後についていくの。「すりこみ」っていわれているけど、幼いときに脳にすりこまれたもののもつ意味の大きさって人間も同じだと思う」（斎藤 1987：117f.）。乳児期から、斎藤が身体運動を積極的に取り入れようとするのは、「自然の中での豊かな遊びと、筋肉から脳へ刺激を送り続ける運動の数々」こそが子どもの「発達」の原動力であるにもかかわらず、この発達の可能性が、「現実には多くの生活の場で抑えつけられている」という認識があった（斎藤 1994：15）。身体運動という遊びの中で、子どもは感覚刺激を多く得る。それこそが、感覚器官の発達を保障するという考えを、斎藤は、ソヴィエト連邦の教育家ナジェージダ・クルプスカヤ（1869-1939）の著作から学んだ。「クルプスカヤも言ってるでしょう。子どもたちを豊かな文化に触れさせて、活動させて感覚器官を磨いて、それか

ら感じたことを、表情やら、ことばやら絵やらで表現する子どもの動きを大切にすべきだって。それに、文字を早く教えるより、その前に描いたり、縫ったりという活動をたっぷりさせることが大切だって。」(斎藤 1987：129)。斎藤は、「子どもの感覚器官の発達をすべての子どもに保障する保育が大切」と述べ、セガンが主張した感覚の鋭敏化は、障害児のみならず、全ての子どもに保障されるべきだと考える(斎藤 1987：128)。

　斎藤は、まず、皮膚感覚の鋭敏化を重視する。というのも、斎藤が、人類学者の近藤四郎(1918-2003)に言及しつつ「どんなに口で「おまえを可愛がっている」といっても、まだ幼い子どもたちは自分の皮膚によってたしかめなければ満足しない」(斎藤 2011：220)と述べるように、幼児にとっては言葉による伝達よりも、皮膚を介して周囲の環境の意味を理解することが重要であるからである。斎藤にとっては、「生物としての人間は皮膚感覚によってたしかめる」存在なのであり(斎藤 2011：220)、特に、手・足の皮膚感覚が重要とされる。「「手」は「目」とともに「突き出た脳髄」といわれる。手の指、足の指、特に足の親指が開くか開かないかは、脳の運動野の部分と深く関係している」(斎藤 2007：104)。「おどりは、まず足の動きからといってよい。手の動きは、私は今は "ちょう" だけに要求している」(斎藤 1976：95)。

　感覚器官の鋭敏化と同時に、斎藤が重視するのが、運動機能の発達である。斎藤のリズムあそびは、パターン化された独特の激しい身体運動と、作曲家の丸山亜季に作曲を委嘱したオリジナルの歌曲がセットとなった一連のプログラムである。斎藤自身によれば、リズムあそびとは、「生物の進化の課程で行われるロコモーション(移動運動の型)をとり入れ」たものに他ならない(斎藤 1987：75)。「生物の進化をふまえるというのは、脊椎動物のはじめの魚類の背骨をくねらす運動から両棲類、爬虫類の段階のロコモーション、つまり、0 歳の課題を十分獲得しないできた子どもたちが今多い」ことへの対応(斎藤 1987：75)として、「独自に生物の進化の道筋をなぞらえる "リズムあそび" を考えだし」たのである(斎藤 2007：92)。後述するように、斎藤のリズムあそびは、リトミックの思想と実践から触発されたものではあるが、リトミックは「四歳以降の子

どもを対象にしてつくり出した」ものなので、乳児を対象とする身体運動としては、別のものを開発する必要があったという(斎藤 1987：75)。ただ、例えば後述する「金魚運動」のリズムあそびは、乳児期においても導入されるものであるが、乳児にしか行われないというわけではない。幼児期に入っても、適宜行われることがあり、このことは、斎藤における進化が、直線的、不可逆的なプロセスではなく、円環的、反復的なイメージのもとに捉えられていることを示していよう。

　乳児期においては、背骨を意識した魚類の運動や、「足指の蹴りをつかっての寝返り運動、両棲類のように胸をつけてのはいはいから爬虫類・哺乳類の膝つき這い、高這い等」が重視される(斎藤 1987：75)。「一、二歳はあるく、かける、ころんで自分でおきてまたはしる、両足を揃えてとぶなどですが、あるくのも足のおや指の蹴りをつよめるために土の斜面をなるべくのぼらせるようにしている」という(斎藤 1987：75)。

　乳児期に行われるリズムあそびの実例の中で、進化論的隠喩が色濃く見られる遊びとして、上記の魚類の運動の一つであるところの金魚運動のほかに、両生類のハイハイ運動などが挙げられよう。リズムあそびは、乳児期におけるものは、(場合によっては大人の介助の下で)子どもが一人で行う(ただし、複数の子どもが同時に一斉に行う)ものが多い。その後、年齢を重ねるにつれて、2人組で行うもの、3人組あるいは8人組で行うものなど、より多くの人数からなる子ども集団で行うリズムあそびへと発展していく(斎藤 1994)。

　金魚運動とは、床に両手両足を伸ばして仰向けに寝転がり、「からだをくねくねとくねらせる背骨の運動」である(斎藤 1994：46)。介助者が付く場合は、子どもの両手を優しくさする。それと同時に、足の介助者は両足を自分の膝の上に載せ、手でそろえた足を左右にゆする。「私たちの遠い祖先である魚類の身を左右にくねらせる運動は、脊椎動物の移動運動の最初の型であり、それに似せたこの運動は、背骨を柔らかくし、曲がっているのを直すのにも役立つ」(斎藤 1994：46)。

　両生類のハイハイ運動とは、「ひじから先、てのひら、5本の指をしっかり床

につけておさえ、からだを左右にくねらせ、足の親指でしっかり床を後ろにけって前に向かって這わせる」運動であり、7〜8か月児から取り入れることができる。「イモリなどの両生類が背骨と胴の筋肉と、横向きについて四つ足を使い、からだを左右にくねらせて前進するのを見てこの名をつけた。人間の遠い祖先も、両生類だった時代があったはずである」(斎藤 1994：34)。両生類のハイハイ運動を行う際、重要なことは「足の親指で床を蹴って前進すること」であり、「手には力を入れ」ないよう留意しなければならない(斎藤 2007：89)。斎藤が足の親指での床面の蹴りを重視するのは、彼女が、足の親指と、それ以外の4本の指が別の動きをできるようになることを、発達のメルクマールと見なしているためである。というのも、足の親指の動きが自立することが、類人猿とヒトとの弁別点をなすと考えているからである。「足の親指を挙げる運動は、「いまから約一千万年前にサルから人間への分岐点となった進化の特徴である」とある学者は言っている。サルの、物をつかんだり、ぶら下がったりする手の指の形から、指をあげてこの指で地を蹴り、歩くヒトの足の親指に進化したということである」(斎藤 2007：91)。「遠い昔、ヒトの祖先は直立2足歩行によって手を歩行から解放し、道具を創造して人間化への道を進んだという。直立2足歩行するには足の親指で地面を後ろに強くけらなければならないし、道具を作るには手の親指が最も重要な働きをする」(斎藤 1994：34)。

　足・脚の発達上の重要性に着目する斎藤は、乳児クラスに、足・脚の運動を活発化させるような環境を設定することを重視する。「[引用者注・乳児の保育室に接する]テラスには乳児が登り降りして遊ぶ木製の階段が置いてある。子どもは少しでも高い所に行ってみたさに、手指、足先に力をこめて登ろうとする」(斎藤 1994：20)。子どもが思いきり身体運動できる環境、そしてそのような自発的かつ活発な運動への衝動をかき立てるような環境においてこそ、人間の特色ともいうべき脚の発達が促される。「広い安全な場所で、手指足先を思いきり伸び伸びと使って、充分にハイハイをして育つならば、4肢はまことにバランスよく発達し、この強力な全身運動によって筋肉もよく締まって固太りとなり、みごとな太ももとふくらはぎが育っていく。太ももとふくらはぎの発達は、こ

れもヒトの体形の特徴なのである」(斎藤　1994：34)。

リズムあそびの四つの源流：生物進化と歴史＝文化のインターフェイスとしてのリズムあそび

　以上のように、斎藤にとってのリズムあそびは、人間の生物・動物としての特質を最大限に開花させることを目指すものであった。ただ、人間の生物・動物としての発達のみを斎藤が見ていたわけではなく、そこに、人間が歴史の中で構築してきた文化が、人間の発達に与える意味を重視してもいた。そのことは、斎藤自身が指摘するリズムあそびの三つの原型の中に現れている。斎藤によれば、リズムあそびの原型は、①律動、②自由表現と集団遊び、③リトミックであり、この３つに、④世界と日本の民族舞踊の要素を加味して誕生したのがリズムあそびである。

①　律動は、彰栄保育専門学校の石原キク(1884-1967)から学んだものである。その理念は、「自然界の生きとし生けるものはすべてリズムをもっており、人間もその一員としてリズムをもっている。したがって育ちざかりの幼い子どもの手、足、頭を、楽しい音楽に合わせてリズミカルに動かしてやれば、よりその発達を促す」というものである(斎藤　2011：28)。「音楽のリズムに合わせて、子どもたちに親しみのあるいろいろな動物に模して、走ったり止まったり、跳んだり、転んだり、這ったり、舞ったりし、また、雨や風、嵐など自然現象をからだで表現したりするうちに、子どものからだの骨や筋肉、関節、神経系の発達を促し、同時に自然への認識をも深め育てていくというものである」(斎藤　2011：28)。つまり、律動から斎藤が取り入れたのは、身体諸機能の発達と同時に、自然現象の模倣により、自然への認識を深めるというアイデアであった。

②　自由表現と集団遊びは、斎藤が東京女子師範学校附属保育実習科で指導を受けた戸倉ハル(1896-1968)の考案によるものである。倉橋惣三による、自己表現の重視、模倣の排斥を背景にした運動であり、個々の子どもの自由な表

現と、その表現が集団へと広がっていくことを目指すものであった。集団保
育については、リズムあそび論の中では自覚的には語られていない。しかし、
クルプスカヤに影響を受ける斎藤は、集団の中でこそ、子ども相互の模倣が
触発され、表現活動が活発になると考える。「よき集団の中にあってこそ、個
は伸びる、ということを、クルプスカヤが言っています。彼女は"群集本能"
という言葉を使っていますけれども、社会的な人間関係の中から引き出され
ていく模倣の力というのでしょう。瞬間模倣の力。」(斎藤・井尻　2016：68)。
ただ、斎藤は、集団の中に個が埋没することは、当然のことながら認めてい
ない。「私たちが何回も集団で学んできた柳田謙十郎先生の『マルクスの人間
観』という本の中には、人間というのは類的存在だと書いてある。そして同
時に類的存在でありながら個々別々であるとも言っている」(斎藤　1989：
163)。子どもが個であるということと、集団を形成する存在であるというこ
とは、共に、斎藤の子ども観における本質的な要素なのである。

③　リトミックは、小林宗作(1893-1963)がフランスから大正期に持ち帰った身
　　体表現技法であり、「リズムにより精神と肉体との調和と発達とをくわだて
　　た」ものである(斎藤　2011：29)。「音楽的発達は、ただ聴覚のみによるもの
　　ではなくて、他の感覚にも関係するものである。音楽的感覚は、リズム的な
　　ものであって、全有機体の筋肉的及び神経的作用によって左右されるもので
　　あるという」(斎藤　2011：29)と斎藤が述べるように、リトミックとは彼女に
　　とって、リズムを介して精神と肉体との調和的発達を目指すものである。

　斎藤にとってのリズムとは「呼吸」のメタファーにおいて捉えられるもので
ある。「リズムはかならず、強、弱があります。それも、弱、弱、弱と同じ状態
ではない。強、弱そしてもっとも弱というゆるやかさがあります。脱力がある
んです」(斎藤　1987：122)。「このリズム、パッと力を出した後は、スーッと力
を抜く、これは一種の呼吸だと思います」(斎藤　1987：122)。彼女には、幼児
期に過剰な緊張を強いられているという現状に対する危機意識がある。そのた
め、斎藤は「リズムの指導のときだけをとっても、一つのクラスだけですると
きにはかならず急激な運動と緩やかな運動を交互にするように」しなくてはな

らないと考えていた(斎藤 1987：123)。

　子どもにとって心地よい強弱のリズムは、斎藤によれば、④世界と日本の民族舞踊の中に伝承されている。斎藤は、「祖先から伝わった子どもの遊び、民族舞踊などをリズム遊びに取り入れている」(斎藤 2011：31)。民俗舞踊、民族音楽は、動物進化とは異なる人間の創造した文化の一形態に他ならない。民俗舞踊、民族音楽の中のリズムという形で伝承・洗練されてきた文化に触れることにより、子どもは「祖先」とのつながりを得る。そのことは、文化の伝承・獲得による子どもの人間化という意味での発達を促すと斎藤は考える。

　リズム遊びは、生物進化という擬似生物学的なメタファーによって彩色された子どもの身体能力への信頼・オマージュと、歴史としての文化の伝承という二つのモメントがせめぎ合う臨界点において構想されるプログラムであったということができるであろう。決して、斎藤は生物学還元主義に立っていたわけではなく、人間の身体的特性の開発を、進化論を援用した動物との類比によって促進しようとしながらも、人間の特質が、周囲の環境に対する能動的な働きかけを繰り返す中で、初めて発現するものだという立場を採っている。進化の必然、あるいは身体という物質性の呪縛を強調しすぎるのではなく、自らの身体も含めた環境への働きかけと、環境の作り変えの可能性を、斎藤は重視していた。「われわれ人間は、もはや自然に支配される動物ではない。自然を支配し、自然を作り変えることができる手の働き、脳の働きをもっているはずなのである」(斎藤 1994：24)。この自然・環境への「作り変え」の働きを、斎藤はエンゲルスにならって「労働」と呼んでいる。「労働は、すべての人間生活の第一の基本条件であり、しかもそれは人間自身をつくりだした」というエンゲルスの言葉を引いた後で、斎藤は「おとなの労働のみごとな姿を見、まねし、やがて自らも人間的な労働に身を投じていくことによって、子どもたちは真に自立する人間に育っていく」と述べている(斎藤 1994：26)。斎藤にとってのリズムあそびは、「労働」と同様に、自然のなかにありながら、自然を作り変えることもできるという、能動的、可変的存在としての人間への発達を実現しようとするものなのである。

第 5 章の参考文献

井尻正二『ひとの先祖と子どものおいたち』(みんなの保育大学①)、築地書館、1979 年。

井尻正二『子どもの発達とヒトの進化』(みんなの保育大学②)、築地書館、1980 年。

エンゲルス「猿が人間になるについての労働の役割」『マルクス＝エンゲルス全集』(第
　　20 巻)、大内兵衛・細川嘉六監訳、大月書店、1968 年。

クループスカヤ『国民教育と民主主義』勝田昌二訳、岩波書店、1954 年。

惟任泰裕「斎藤公子の保育実践に関する一考察」『教育科学論集』(21)、2018 年。

近藤四郎『足のはたらきと子どもの成長』(みんなの保育大学④)、築地書館、1981 年。

斎藤公子『さくら・さくらんぼのリズムとうた：ヒトの子を人間に育てる保育の実践』
　　(改訂版)、群羊社、1994 年。

斎藤公子『生物の進化に学ぶ乳幼児期の子育て』かもがわ出版、2007 年。

斎藤公子『子育て＝錦を織るしごと』かもがわ出版、2011 年。

斎藤公子ほか『保育とはなにか：対談』(斎藤公子保育実践全集 3)、創風社、1987 年。

斎藤公子ほか『6 歳児の保育と保育思想の発展：対談・広木克行』(斎藤公子保育実践
　　全集 5)、創風社、1989 年。

斎藤公子・井尻正二『斎藤公子の保育論』(新版)、築地書館、2016 年。

斎藤公子・川島浩『あすを拓く子ら：さくら／さくらんぼ保育園の実践』あゆみ出版、
　　1976 年。

斎藤公子・川島浩『写真集：ヒトが人間になる』太郎次郎社、1984 年。

宍戸健夫「斎藤公子・川島浩　あすを拓く子ら：自然のなかで障害児とともに」宍戸
　　健夫・渡邉保博・木村和子・西川由紀子・上月智晴編『保育実践のまなざし：戦後
　　保育実践記録の 60 年』かもがわ出版、2010 年。

宍戸健夫「実践記録と歴史的研究：保育実践史研究序説」『幼児教育史研究』6、2011 年。

宍戸健夫『日本における保育カリキュラム：歴史と課題』新読書社、2017 年。

中村強士・宍戸洋子・金眠呈「山崎定人・斎藤公子著『さくらんぼ坊やの世界』にみる
　　「知的な育ち」を形成する保育実践に学ぶ」勅使千鶴・亀谷和史・東内瑠里子編著
　　『「知的な育ち」を形成する保育実践 II』新読書社、2016 年。

原屋文次『絵で見る斎藤公子のリズムあそび』かもがわ出版、2017 年。

三木成夫『内臓のはたらきと子どものこころ』（みんなの保育大学⑥）、築地書館、1982 年。

第6章　安部富士男の自然保育論

集団活動の舞台としての園外環境デザイン

　本章では、保育実践家である安部富士男(1930-2019)の保育実践論のうち、彼が飼育・栽培活動を重視する背景にある人間観、発達観、労働観の特質を明らかにする。

　安部の保育論を検討する前に、彼の略歴を見ておきたい。安部は1930年に山形県に生まれ、1960年に東京大学教育学部卒業、1964年に同大学院を中退する。東大では勝田守一(1908-1969)に師事した。大学院では大正新教育運動に関心を持つ。2019年6月に死去するまで学校法人安部幼稚園理事長・園長を務めた。園長職のかたわら、横浜国立大学、東京大学、山梨大学、東洋英和女学院大学、青山学院女子短期大学、白梅学園短期大学などの非常勤講師を務めた。本章末に掲げられているように、安部は著作もきわめて多い。しかしながら、彼の著作は、必ずしも理論的・体系的に書かれているわけではなく、エッセイ調のものも多く含まれているため、安部の保育思想、あるいは保育理念を抽出するためには、それらの中に含まれる断片的な言及を収集し、再構成することが必要となる。

　現在までのところ、安部富士男の保育実践についてはおろか、保育理論に関する検討は極めて少ない。その数少ない例の一つである宍戸ほか編(2010)は、安部の著書『幼児に土と太陽を』(1980年初版)を紹介しながら、彼の保育の三層構造論が、久保田浩の保育の三層構造論、勝田守一の能力モデル、保育問題研究会の「集団づくり」論から影響を受けつつ構築され、「労働(仕事)」を「中心となる活動」と据えていることが特色だと指摘している。しかしながら、宍戸は、安部の保育理論に対する生活指導論の影響に関しては触れていない。

　一方、宍戸(2017)は、彼の経営する安部幼稚園の保育実践では、「畑づくり」や「飼育・栽培活動」が「労働(仕事)」として位置づけられ、「使用価値」の実

現を目指して「道具」を用いた活動を労働の特色とし、遊びとは区別されていることを指摘している。ところが、労働が、子どもの成長・発達に対して持つ実質的意味を安部がどう捉えたかについては、触れられていない。

　加藤(2008)は、安部幼稚園における自然保育の特色を取り上げ、「日々繰り返される生活の中で、子どもたちは「体験的知性」とでもいうべき知性の世界を豊かに育てていくのであるが、問題はそうやって獲得していく知性を保育実践の中にどのように位置づけることができるのかという点にある」とし、子どもたちの「体験的知性」は、「「個別性」「異質性」を原則に形成される「感覚世界」であるがゆえに、その意味を言語で一般化することは容易でない」とする。そのため、安部らは「子どもたちのつぶやき」を記録することを重視しているとする。しかし、それらの「体験的知性」がどのように発達するのか、そしてその発達観と彼の保育構造論がどのように関連していたのかについては、加藤は触れていない。

　以上のように、安部は保育実践の基礎、あるいは基盤としての理論的検討に尽力していたにもかかわらず、その実践の理論的側面、あるいは彼に対する思想的影響を検討した先行研究はほとんど存在しない。本章は、そのような先行研究の欠落を補うため、安部の保育思想あるいは理念が、どのようにカリキュラム化されていったかを見ていきたい。そのため、彼の飼育・栽培活動への見解を読み解きながら、彼のカリキュラム構想(保育構造論)の理論的特質を明らかにすることを目指す。

安部の保育環境観とその具現化としての飼育・栽培活動

　安部が経営する安部幼稚園(横浜市港南区芹が谷)では、1965年の設立以来50年以上かけて漸進的に拡張してきた広大な園庭において、動物の飼育、植物の栽培を子どもたちが実施することを保育内容の特色としている(安部 2002：120)。園庭は一挙に獲得されたわけではなく、1968年に県有地をグラウンド、畑用の土地として取得し、さらに、1976年に雑木林を園庭の中に繰り込んだ(加

藤　1998：99)。

　飼育動物としては「山羊、チャボ、兎など」(安部　2005b：125)、栽培植物としては、「畑では、毎年、じゃが芋、大根、キュウリ、トマト等が栽培され、年によって、里芋、ナス、ポップコーン、南瓜、枝豆、落花生など、多様な野菜を収穫している」(安部　2008：93)。

　さらに安部は、動植物だけではない園内環境の多様性を求める。その背景にあるのは、安部の「豊かな感性・感情に裏打ちされた想いの伝えあいこそ人格発達の要」とする発達観であり、その「感性・感情」は、自然を含む多様な環境との出会いの中で豊饒化されるという保育観である。安部幼稚園敷地内の、飼育・栽培が行われるエリアの背後には、広大な雑草園、雑木林、竹林が広がっている(安部　2002：120)。このような森林的な空間は、子どもたちの探索活動のフィールドとなると同時に、保育者や他の子どもの視線を気にせず、興味ある対象に沈潜できる、薄暗く陰のある、ポーラス(多孔質)な場でもある。

　既に見たように、安部が飼育・栽培活動を、開園当初から重視したことの背景には、大学院時代に触れた大正新教育の思想があったことは、彼自身が認めている。とりわけ、及川平治(1875-1939)と橋詰良一(1871-1934)に関心を寄せていたという(安部　2008：92)。安部は、及川・橋詰らの思想を「大地を床、大空を天井、緑なす木立を壁とした天然の保育室こそ最高の教室」(安部　2008：92)だとする保育環境観として捉え、特に及川における「園芸」活動を、安部は「飼育栽培」へと翻案したという。

　安部が、子どもたちの遊び場を考えるうえで重視している 4 つの視点は、次のようなものである(安部　1983：96)。

① 　水や泥・砂と存分にかかわることのできる遊び場
② 　自然との出会いのなかから多様な活動の展開できる遊び場
③ 　がらくたを含め、さまざまな素材に自由に道具を使ってかかわることのできる遊び場
④ 　子どもたちひとりひとりの活動と集団活動とを、発見や感動の伝え合いを

媒介に、ともに旺盛にし、生活を豊かにできるよう、教師が子どもの状況に
即して「すみっこ」と「ひろば」を保障できる遊び場

　①〜③を通して、環境を素材として捉え、それに満足ゆくまでとことん関わ
りぬくゆとりが重視されている。④において、「すみっこ」の保障の意義が説か
れている。のびのびとした「ひろば」におけるダイナミックかつ他者との出会
いを介した活動と、「すみっこ」における個別の興味を静穏に深める活動の両者
を共に重視しようとする安部の姿勢が現れている。
　一見、雑駁かつ混沌としているように見える安部幼稚園の園内環境ではある
が、そこには安部自身の「望ましい環境」に関する思想が具現化されており、
無意味なものはいっさい配置されていない（安部　1999：41-43）。そして、「望ま
しい環境」の具現化にあたっては、後述する彼の保育構造論と呼ばれる保育カ
リキュラム論との連続性が考慮されている。いわば、彼の保育構造論をモノ化
したものが、安部幼稚園の園内環境なのである。
　安部は、次の５つが、子どもの発達にとって望ましい環境の条件であるとも
いう。これらの環境の性格が、上述の遊び場において安部が重視する項目と重
なり合っていることは容易に見て取れるであろう。

①　自然との出会いを可能にする環境
②　仲間とともに共感し協同する学びを体験できる環境
③　命あるものとの出会いや別れの体験を保障する環境
④　自らの興味・関心、要求に即して仕事に取り組むことのできる環境
⑤　文化を自由に享受・創造できる環境

　安部にとっての飼育・栽培活動は、子どもたちの表現活動として発展してい
く、プロジェクト活動としての性格を持っていることに留意しておきたい。環
境との出会いによって子どもの内面にかき立てられた「感性・感情」は、「仲間」
へ向けた「表現」を介して共同化され、共同的な捉え直し、反芻の過程を経て

「認識」へと昇華していく。ここには、後述するように、「感性・感情」と「認識」を二項対立はさせないという安部の人間観が伏在している。

　彼の人間観は、安部のいう「子どもに保障するべき三つの自由」の中に端的に表現されている（安部　1989：59）。彼の重視する自由とは、「第一に、砂でも泥でも水でも、ダンボールでも、毛糸でも、包装紙でも、どんな素材に対してでも、好きなだけ、好きなようにかかわって、自らのイメージをつちかいながら遊ぶ自由」、「先生であれ友だちであれ、自分のクラスのだれに対してでも、自分の発見や感動、興味・関心や想い、批判や要求を心おきなく表現できる自由であり、仲間の話に耳を傾ける自由」、「同じクラスの友だちだけではなしに、どのクラスの友だちとも、たとえ学年が違っていても、仲間になって遊び・仕事にとりくむことのできる自由」である。

システムとしての園内環境と地域との相互作用

　安部は、園内空間をその外部から独立させて捉えているわけではなく、地域を含めての環境として捉え、「地域をまるごと園庭としてとらえる視点」（安部1983：79）を失わず、園内環境は地域の中につねに位置づきながら意味をもつというシステム論的な発想をもっている。安部にとって自然は環境の重要な構成要素の一つであるが、それだけで十分だとしているわけではない。文化的な要素が同時に重視されている。それは、地域を、文化が形成・伝承される生活の場として捉え、自然と文化が交錯する共同体としてみる見方である。「これまで一見地理学上の概念として扱われてきた地域という言葉を、単に地誌的な空間としてとらえるのではなく、人間がさまざまな関係をきり結びながら、自分たちの暮らしを豊かにし、そのなかで文化や思想を生み出し、継承し発展させていく生活の場としてとらえています。特に、保育との関係でいえば、子育ての文化を継承する場として、同時に父母と保母・教師が相共に子育ての智恵と力を培い合う連帯を可能にする場として、地域をとらえています」（安部　1983：46）。そして、地域がもつ文化は、つねに不断の価値実現を目指して発展的に変

容しつつあるものとして捉えられる。「地域は、単なる行政区分ではなく、人間が歴史的に形成してきた社会的文化的所産であるとともに、未来にむけてのさまざまな価値実現の負荷体として大人と子どもが相共に形成しつつある有機的存在」(安部 1983：47)なのである。

　安部は、ダイナミックに文化を形成・再形成する培地としての地域を、園内に浸透させようとする。この思想には、及川平治の影響が見て取れよう。「明治の終わりごろから、大正、さらに昭和の初期にかけて活躍した及川平治が主張していたように、地域を教材化しながら生活のなかに労働的活動を位置づけ、子どもたちに活動の自由、表現の自由を保障していくなら、子どもたちは、教師のさりげない支えを手がかりに、自らの力で豊かな遊び・仕事のある生活を創造し、幼稚園の主人公として育っていきます」(安部 1989：50)。

　ただ、地域を教材化するということは、必ずしも、園が地域の中に溶解してしまうということではない。「現状において、保育は、地域の人々の子育ての意識に対して相対的な独自性を保つことによって、はじめて子どもたちを生活の主人公とした地域づくりを進めることが可能」となると彼が述べているように(安部 1983：56)、地域と保育が、子育てに対してやや異なった意識を持ちつつ子どもに関わることが、子どもの生活主体としての形成を促すと考えられている。

安部の人格発達のイメージ

　安部は、幼稚園生活における飼育・栽培を、「人格の発達」を促す、総合的な営みと捉えていた。「飼育栽培は、みたて・つもり遊び、ごっこ遊び、ルール遊び、ファンタジーを楽しむ遊びなどとは違った質の活動であって、子どもたちの人格の発達に欠くことのできない営みを含んでいます。そこには、人間と自然との関係を感性で捉え、豊かな感情体験に裏打ちされた思考を育み、見つめる力・見つめ合う力、感じる力・感じ合う力、想像する力、表現する力を培う営みがあると実感しています」(安部 1997：63)。ここで安部は、飼育・栽培活

動を種々の「遊び」とは異質な活動として捉えている。というのも、飼育・栽培活動においては、感情体験と同時に、子どもたちの「思考」が深まるという、二つの働きの絡み合いが実現するからである。「子どもたちが、自然との豊かな出会いを体験しながら遊ぶことを大切にするのは、そこでの遊びが、子どもたちの感性・感情・意欲の系の発達と、認識・操作の系の発達とを統一してうながし、一人ひとりが地域文化の創り手・担い手として仲間とともに育つからです」(安部 1989：43)。感情と思考の「絡み合い」は、彼によれば、飼育・栽培活動の中でなされる。「感情の動きに織りなして、思考を深め、表現を豊かにする機能が飼育栽培に含まれています」(安部 1997：63)。

　ここで注目しておきたいのは、安部が、そもそも幼児教育とは「人格の発達」を促す営みであり、「人格の発達」は、「感性・感情・意欲」と、「認識・操作」という、従来は徳育と知育というように対立的に捉えられてきた二つの発達の有機的な統合であると考えていることである。「幼稚園は子どもたち一人ひとりの人格の発達をうながす場であり、人格の発達は感性・感情・意欲の系の発達と認識・操作の系の発達が結合するところに成立する」(安部 1989：27)。そして、それらの発達の二つの系のうち、「幼児期においては感性・感情・意欲の系の発達が人格の発達の主導的側面」(安部 1989：27)になると捉える。「私たちは、感性と知性を対立する概念としてではなく、むしろ、感性と知性は、相互に有機的に結合することによってそれ自身豊かになっていくものとして捉えています」(安部 1999：21)。

　以上のように、安部にとっては、知性と感性という二つの要素の発達の系は分離されえない。「感性・感情・意欲の系の発達は、認識・操作の系の発達と分かちがたく結合して、人格の発達をうながすことになる」(安部 1989：27)。このことから、それら二つの発達の系に促進的に関わろうとする教育の営みも、互いに分離するべきではないということになるだろう。

　人格と能力を関連付ける視点、および、能力、学力を感性の力と認識の力の有機的結合として捉える視点については、安部は教育学者の坂元忠芳(1931-)の影響を受けているという(安部 1984：77)。坂元によれば、「マルクス主義の立

場による人格論の中心的問題」は「個人が具体的に入り込む社会的諸関係とそこでの個人の社会的諸活動を彼の内面における諸性質（人間性、諸能力）の全体的な発達の構造論としてどのように統一して把握するか」、言い換えれば「個人が、具体的な社会的諸関係のなかで示す諸活動の体系とそれに応じて内面につくられる動機・目的の体系をどう関連してとらえるか、さらにそうした体系と彼の諸能力の総体との関連を人格の構造論としてどう把握するか」、という問題に収斂してきているという（坂元 1979：233f.）。坂元は、「社会的諸関係」の中において人間が発達するということを前提に置きながら、その「関係」の中における一連の「活動」とそれを可能にする「能力」を、「人格」という統一的な構造として把握しようとしていた。「能力」を、「人格」へと関連づけることによって、諸能力の統合を目指すというモチーフは、安部の保育構造論にはっきりとした形で取り入れられている。

　坂元は「能力」を一元的なものとしては見ず、感じる力としての「感性」と、認識の力としての「学力の土台」が複合したものとして捉える。「乳幼児の時期に、子どもは、身体を思うように動かして、身のまわりに能動的に働きかけ、そのなかで、「動く」「さわる」「見る」「聞く」「嗅ぐ」「感じとる」「欲する」など、ありとあらゆる種類の感性（感じる力）を発達させていく。そして、この感性の発達の上に、ものごとをわかっていく基本的な力を育てていく。これが学力の土台である」（坂元 1979：29）。ここに見られるのは、感性を基礎として、その発達の上層に「学力」の発達が実現するという、いわば能力の層化構造である。坂元は、「学力」について、次のようにも述べている。「学力の土台にもふたつの層がある」。「ひとつは、なによりも身体を自由に動かし、感性を豊かに働かせてものごとに能動的に働きかけていく力、すなわち、学力の土台のさらに土台となる部分であり、もうひとつは、基礎的な知識によって、ものごとを経験的に分析・総合していくいわゆる考える力——学力の直接の土台になる部分である」（坂元 1979：31）。このように、坂元における「学力」の層化構造は、次のような二層構造をなしている。基礎としての①感性、それに触発される②考える力である。後者が「学力」の基盤を成すと考えられている。感性と学力

(認識能力)の二要素の複合という形で子どもの力を捉えようとする点において、安部と坂元は共通しているといえる。ところが、安部は、坂元における感性と考える力の間に、上下関係は設けない。この点が坂元と安部の間の相違点といえよう。

安部の労働観と遊び観

　既に触れた宍戸らが指摘しているように、安部の保育構想の中核には、保育構造論と呼ばれる独特のカリキュラム案がある。構造論を成す三つの層のうちの一つが労働である。安部は、労働を遊びと区別している。労働が「使用価値」、すなわち生活にとっての「有用性」を作り出そうとする営みであるのに対し、遊びは、純粋にそれ自体の楽しさのために行われる、自己目的的、あるいは自己充足的な営みである。労働は、「使用価値を生み出すという要素」と「素材のなかにひそんでいる可能性としての使用価値を読み取り」、「道具を使って素材にかかわるという要素」の二つを成立の条件とする(安部　1983：102)。労働は有用性(使用価値)を生み出す活動であり、この点において遊びとは区別されるのである。「人間は、労働を通して、自分たちの生活要求・文化的要求を実現するために、自然のさまざまな素材のなかにひそんでいる可能性としての価値を読み取り、それらの素材に働きかけながら価値へのイメージを豊かにし、自分たちのいのちと生活を維持し発展させるための使用可能な価値を実現し、その果実を味わうことによって自らの要求を質的にも量的にも太らせてきました」(安部　1989：70)。

　労働と「生活」の関連について、安部は次のように述べる。「労働とは、いわば人間が自分たち自身の生活要求につなげて、自然のさまざまな素材のなかにひそむ可能性としての価値を読み取り、自然に働きかけながら、その価値のイメージを豊かにし、自分たちの生命と生活を維持し豊かにするため、そこから現実的に使用可能な価値を実現する活動です」(安部　1984：75)。ここに見られるように、自然のなかの素材に、「可能性としての価値を読み取」るという読解

力、今、自分の眼前にある素材を、そのままのものとして捉えるのではなく、可能態として、自らの「生命と生活」と関わりうるよう変更が加えられうるものとして見るという想像力が、労働の前提となる。

　「自然」の内に「価値」を読み取り、それを実現・具現化しようと試行錯誤することこそが、人間の諸能力を伸ばすために有益だったと安部は考える。「外部にある自然を、自分たちに役立つものに組み変え」るという労働の内にこそ、「自分の内部にある自然、いろいろな角度からものを見つめる力、集中してものを吟味する力、分析したり総合したりする力、素材の性質とそこにひそむ使用価値を見抜く力、労働の結果、実現するはずのものを表象する力、目と手の協応の巧緻性、道具を駆使する力」を培う体験が潜んでいる」（安部　1989：70）。

　労働とは、人間の主体性のあらわれであり、労働を通して、人間は自然、すなわち周囲の環境に対して能動的に関わる。そして、その関わりは、歴史という形で徐々に蓄積される。「人間が労働を通して自然を変革し、その営みのなかで自らの自然（からだとこころ）を発達させ、人間を含む自然そのものを豊かにしてきた歩みこそ人間の歴史」である（安部　1989：69）。

　とはいえ、幼児期においては、「労働」は「遊び」の中に融合しており、そこから徐々に分化し析出されてくる。「人類の発達の歩みをうながしてきた労働は、子どもたち一人ひとりの発達においては、遊びのなかから分化し誕生してきます。ことばを変えれば、系統発生においては労働から遊びが分化し、固体発生においては遊びから労働が分化してくると言えます」（安部　1989：71）。

　安部は、個体発生と系統発生を単純な生物学的パラレリズムとして捉えるのではなく、子どもの個体発達を「文化的発達」として、子どもが周囲の環境との相互作用——安部はこの相互作用を労働と呼ぶ——を繰り返し体験する中で実現する一方、その「文化的発達」に、「人類の文化の歴史的発達過程」が絡み合う中で、いわば個体発生と系統発生が、子どもの「発達」として止揚されていくと捉えている。「ヴゴッキーも指摘しているように、人類の系統発生においては、生物学的進化の過程を土台に原始人から現代文明人にいたる文化的発達がなしとげられているのですが、個体発生においては生物学的発達と文化的発

達とが複雑に綾なしてひとつの独自の発達のみちすじを創りあげていることを
認めたうえで、私たちは子どもの文化的発達と人類の文化の歴史的発達過程と
の対応関係を重視しています」(安部　1983：73f.)。

　使用価値を具現化することに加えてもう一つ、安部が重視する労働の特色と
して、労働の集団性がある。「労働の過程には、価値を生みだす生産活動ととも
に、それとかかわる集団の形成があります」(安部　1989：70)。安部にとっては、
労働とは何より社会的・集団的営みなのであり、労働を介して、人間は自然に
対して働き掛けると同時に、他者との関係性を創り上げていく。「人間の発達を
促してきた労働の過程には、物を作り出す物質的生産過程と、それとかかわる
集団の形成過程があります」(安部　1984：75)。

　労働の社会性、あるいは集団性を物質化したものとして、安部は「手」を捉
えている。「子どもの手の働きのなかに、実は、人間らしい社会性の発達が結晶
している」(安部　1984：60)。というのも、安部によれば、「労働のなかで形成
された「つかむ手」「つかう手」は、同時に「感じる手、感じ合う手」「支える
手、支え合う手」「想いや決意を伝える手、伝え合う手」として発達」してきた
からである(安部　1984：64)。ここから安部は、「手」というものを、単に微細
運動をなす身体の一部として捉えるだけではなく、「社会性の発達の結晶」、す
なわち他者と関わり合うための媒体、あるいは架橋として見ていることが分か
る。「手」の社会性と安部が見なしているものは、手がなす労働の社会性とも言
える。

　そして、「手」として現れた労働の集団性は、さらに進んで、「道具」の創出
へと導く。「人間の発達にとって、社会性の発達の欠くことのできない理由は、
太古の時代このチーム・プレーを通して、また集団の知恵を道具のなかに凝集
し合い、道具を通して伝承し合うことによって自らの人間性を培ってきたこと
にあります」(安部　1984：63)。集団によって成し遂げられた「知恵」の形象化
が、いわば道具である。「子どもの手の働きのなかに、人類のさまざまな文化が
ためこまれていることを深くとらえ、手を使って多様な遊びや仕事にとりくむ
ことを大切にしていきたい」(安部　1989：141)と彼が述べる時、「手」とは、文

化的創造物、あるいは文化的遺産としての「道具」を使いこなす「手」として捉えられるものであり、同時に、「道具」を「手」として自由自在に使いこなすことの背景には、子どもの社会性の発達と、文化的素養の涵養があるといえるであろう。

安部の提示する保育構造論の特質

　安部の保育カリキュラム論を特徴付ける「保育構造」という語は、多義的である。何の構造なのか、という意味が重なり合っているからである。「保育の構造は、保育内容の構造、実践の構造、計画の構造、指導の構造、評価の構造という５つの違った分野が、保育内容の構造を要に、有機的に結合したものとして存在」(安部 1989：94)している。そして、これらの諸要素が有機的に結合し、子どもたちの生活として具現化する結果として、子どもたちの人格の発達が促されていくことになる。安部の保育構造論は、これらの多義性を、いわば意図的に混淆させたまま構成されていることを特徴としている(安部 1983：130)。
　安部の保育構造論は、園生活には、三つの質の違った活動(安部 1999：85)が

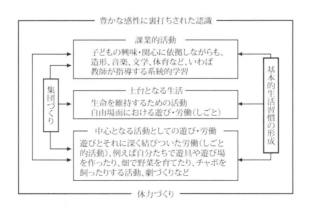

図６−１　安部の保育構造図
〔安部（1983：127）による〕

あるという前提に立つ（図6-1）。そして、これらの三つの質の異なる活動が絡み合い、融合する中で、感性に裏打ちされた認識と体力の育成が実現していくと考える。

　具体的に安部は、保育の構造を、「土台となる生活」と「中心となる活動」と「課業的活動」の三層のからみとしてとらえる（安部　1983：127）。「土台となる生活」は生命を維持するための活動であり、いわば生理的欲求を充足するための保健的活動、および自由場面における遊び・労働からなる。子どもたちが自分の興味・関心に裏打ちされた課題を、おもいおもいに自由に追求して、遊び・仕事に取り組むことのできる自由場面の活動である。第二の「中心となる活動」とは、子どもたちが遊び・労働を共有し、共通課題を追求する営みであり、飼育・栽培活動はここに位置づけられる。特定の集団が自分たちの要求に裏打ちされた共通の課題で、一定期間持続的に展開する活動である。第三の「課業的活動」は、教師が主導的な役割を果たす系統的学習の指導であり、造形、音楽、文学、体育など、いわゆる領域別指導がここに当てはまる。教師の指導のもとで遊び文化も含め、さまざまな文化と系統的に出会い、自主的に文化を享受・創造していく活動である。

　さらに、これら三つの活動に影響を与える媒体、あるいは自覚的な三つの活動を支えるより基礎的な活動として、「集団づくり」と「基本的生活習慣の形成」が別記されている。この二つは、「活動」であると同時に、保育の目標でもある。活動としては、「集団づくり」や「基本的生活習慣の形成」がそれぞれ個別に取り出されて、それらの形成・育成に特化した時間が設けられるわけではなく、それらが、三つの活動の中で、同時に実現されていくことが目指されている。

　安部における保育構造とは、子どもの活動のみの構造ではなく、教師による指導の構造でもある。つまり、教師による指導に用いられる方略、あるいは媒体も、安部においては多元的なものとして捉えられている。安部によれば、「保育実践の場においては、（一）自然を媒介にした指導、（二）事物を媒介にした指導、（三）教師や仲間の行動を媒介にした指導、（四）映像を媒介にした指導、（五）ことばによる指導という五つの要素が結合して、具体的な指導」が実現する（安部

1989：121)。これら多元的な指導の方略・媒体が有機的に結びついたところに、子どもたちの生活の構造化・活性化が生起するのである。

　安部自身が認めているように、彼の子どもに対する指導の多元性というアイデアには、宮坂哲文（1918-1965）の生活指導論からの影響が見られる（安部1999：66）。宮坂は、全国生活指導研究協議会の代表的メンバーとして、生活指導論、道徳教育論に関して積極的な発言を行った教育学者であり、1954年から東京大学教育学部助教授を務めた人物である（58年より同教授）。安部が東大に在学中、宮坂は同大で教鞭を執っていた。

　安部は、宮坂の1956年の論考（宮坂　1956）に言及しながら、生活指導をいわゆる「しつけ」的な指導と狭くとらえることを批判する。その上で、生活指導を、「基本的生活習慣の形成を促す指導」、「集団づくりの指導」、「「かかわりの意識」を培う指導」の三つが結合したものとして捉える（安部　1999：66）。前二者を安部は「生活指導の領域」として捉え、後者を「生活指導の機能」として捉える。

　後者の「「かかわりの意識」を培う指導」とは、「自分の実感を実感として捉え、それを表出・表現し、仲間とかかわりあう行動のなかで「かかわりの意識」を培う指導」である。つまり、自分に対するメタ認知や、集団に対する帰属意識を高めるための指導であり、いわば子どものアイデンティティに関する指導である。安部によれば、前者は「組織づくり」、後者は「意識づくり」と呼ぶこともできる（安部　1999：92）。

　宮坂によれば、「われわれは、生活指導は教科外の領域のみでおこなわれる教育活動だとする考え方と、まずははっきり縁を切っておかねばならない」（宮坂1956：16f.）。生活指導は、「教科の授業」の内部においても行われるし、教科指導における、子どもの認識の水準を高めることと、生活指導における、子どもの「生きかた」の質を高めることという二つの目的は、教科指導／生活指導というように、二項対立的、背反的に捉えられるべきではなく、両者は共に有機的に関連し合う営みであるということができる。

　「教科の授業」が、安部の保育構造論における「課業的活動」に対応すると

すれば、「課業的活動」においても、宮坂のいう「生活指導」、すなわち子ども
たちの「生きかたについての指導」が行われているということになろう。つま
り、「教科」あるいは「課業」における系統的学びが、子どもたちの生活にとっ
て「客観性」をもつものだとしたら、その「客観性」を、「子どもの現実」に引
き込んで再構成するプロセスが必要になってくるだろう。それが、安部のいう
「中心となる活動」に他ならない。

　宮坂によれば、生活指導の第一のプロセスは、教師が「子どもに対する無知
の自覚」をすること、すなわち子どものことを良く知りえず、もっと知りたい、
理解したいという教師の謙虚な欲求を前提にして、「ひとりびとりの子どもを
理解すること」から始まる（宮坂 1956：23）。第二に、「子どもの声をきくとい
うことは、教師と子どもの人間関係を改造することだともいえる。子どもが教
師にたいして、何でも思ったことがいえるためには、この先生なら、なにをい
ってもきいてくれるという安心感と信頼がなければならない」（宮坂 1956：23）。
第三に、「わからないことをわからないと子どもたちにいわせることによって、
子どもたちは、新たに疑問を自覚し、表現する力をかくとくするようになるか
ら、子どもの声をきくことは、子どもの疑問を育て、要求を育てることだとも
いえる」（宮坂 1956：23f.）。

　以上のような宮坂の生活指導論のモチーフを踏まえて安部は、「生き方につ
いての指導」と捉えた上で、それを実践するに当たって、子どもの生き方をど
う捉えるかという三つの視点の重要性を指摘している（安部 1999：67）。ここで
は、宮坂自身の言葉を引きながら、三つの視点を確認してみたい。

　第一に、「ひとりひとりの子どもが既に、そののっぴきならない生育の歴史と
現在の生活環境とによって身に付けている」ような、「具体的な生き方」をして
いる存在として子どもを見るということである。それは、「指導されなければな
らないもの」が、「実は子どもたちの中にある」ということを認めるということ
である。宮坂は次のように述べる。「教師が特定の生きかたを用意して、子ども
たちに一方的におしつける生活指導観が批判されている」（宮坂 1956：21）。

　第二に、子どもの行動の背景には、その「行動の仕方を生みだし支えている、

ものの見方、感じ方、考え方」がある、ということを認めることである。そのような子どもたちの生活意識、あるいは生活感情を、子どもたち自身が「自覚化と表現化」していくことを促すのが生活指導である。ここでは、「表面的な行動の規制しか考えない生活指導観が批判されている」（宮坂 1956：21）。

　第三に、子どもは「毎日毎日の生活の中で揺れ動く個人的主観的生き方」をしている存在だということを認めるということである。この点は、第一の点と関わりが深いだろう。「教科の内容として盛られ、客観的教材として子どもたちに迫る「生きかた」の知識や技能や態度は、それがたとえ生活化のための工夫によって提示されようと、個々の子どもの個人的主観的な問題と直結しないかぎり、教科指導、たとえば社会科指導ではありえても、生活指導ではありえない」（宮坂 1956：21f.）。

　以上のような生き方をする主体として子どもを認めたうえで、生活指導とは、子どもの「自然な、ありのままな声」を聴き、「子どもの心にふれていく」営みであるとする（安部 1999：70）。子どもの声の中には、「真実の表現」があるという信頼、見通しを持つことが教師には求められるという。そして、「子どもの声をき」きつつ、教師と子どもとの人間関係を「日常的に改造していく」ことが図られる。それと同時に、「子どもの声をきく」ことで、「子どもの疑問を育て、要求を育てる」。そして、個々の子どもの声を、「平等」に聞くことによって、「集団の人間関係の平等化と民主化を促進」するのである。

　子どもが、安心感をもって教師に問いかけ、周囲の子どもたちと疑問を共有するということは、子どもに周囲の他者に対する表現の力を獲得させることに繋がる。安部にとって、子どもたちによる表現は、感情の意識化だけではなく、認識の鋭敏化・精密化を促すものでもある。「私たちは、子どもたちが、自分の、または、自分たちの行動をこのような表現活動を通して意識化することを大切にしています」（安部 1999：21）。「感動をたんなる驚きに流してしまうのではなく、表現活動をくぐることによって感情と認識をともに太らせたい」（安部 1983：124）という安部の言葉からも読み取れるように、彼は「感情」と「認識」を対立するものとしては捉えていない。繰り返しになるが、安部においては、

いわば知育と徳育は統合されているのである。このような表現し合うことを通して、感情と認識を共に深め合うことができるような子どもの集団は、次のような四つの条件を満たすようになっていくであろう(安部　1999：89)。

① 　自由に話し合うことができ、一人ひとりの創意や工夫が生かされる活気にみちた雰囲気がある。

② 　集団を構成するメンバーの一人ひとりが、自分なりの感じ方、考え方をしっかり身につけ、自分の意志で行動する。

③ 　仲間の問題を自分の問題として受けとめ、仲間と相談しながらも自分の頭で、事の是非や解決方法を考え、協力しあう。

④ 　仲間への読みが深まり、孤立した子、はみだす子にも無関心でいられない。

　安部の理想とする子ども集団では、一人ひとりの子どもの自律・自発性と、仲間への共感と協同が共に重視されていることが分かる。安部が求める子ども集団において、子どもたちは、「仲間」への共感をベースとして、協力して行動するのであり、この共感と協力の能力こそが子ども期において涵養されるべきだという安部の考えの一端が、ここで表現されている。そして何より、その背景には、集団の中でこそ知的能力・心的能力双方の系の能力が同時に育ち、集団の中でこそ歴史・文化の伝承がなされ、集団の中でこそ個の形成がなされ、個の形成が深まれば集団の質が深まるという、相互作用的な人間観・集団観があるのである。

第 6 章の参考文献

　安部富士男「ゆたかな遊び・労働を核とした保育を」『教育』29、(2)、1979 年。

　安部富士男『遊びと労働を生かす保育』国土社、1983 年。

　安部富士男「子どもらに豊かな自然を」『教育と医学』36、(7)、1988 年。

　安部富士男『感性を育む飼育活動：自然のなかでの保育を豊かに』(遊び・労働と幼児の発達 2)、あゆみ出版、1989 年。

安部富士男『ともに育ち合う保育を豊かに：計画と実践とのかかわりに視点をあてて』文化書房博文社、1990 年。

安部富士男「飼育活動の楽しさとその意味」『季刊保育問題研究』(167)、1997 年。

安部富士男『感性を育てる保育：新幼稚園教育要領を生かす実践』(新版)、国土社、1999 年。

安部富士男『幼児に土と太陽を：畑づくりから造形活動へ』(新装版)、新読書社、2002 年。

安部富士男『人との交わりを支えに生まれた幼児教育：「子育て支援」の前提を考える』新読書社、2005 年 a。

安部富士男「飼育活動と保育の質」『季刊保育問題研究』(216)、2005 年 b。

安部富士男「飼育栽培と保育環境：安部幼稚園」『季刊保育問題研究』(229)、2008 年。

安部富士男編著『子どもらに強くやさしく生きる力を：社会性発達試論』文化書房博文社、1984 年。

加藤繁美『対話的保育カリキュラム下：実践の展開』ひとなる書房、2008 年。

坂元忠芳『学力の発達と人格の形成』青木書店、1979 年。

宍戸健夫「実践記録と歴史的研究：保育実践史研究序説」『幼児教育史研究』6、2011 年。

宍戸健夫『日本における保育カリキュラム：歴史と課題』新読書社、2017 年。

宍戸健夫ほか編『保育実践のまなざし：戦後保育実践記録の 60 年』かもがわ出版、2010 年。

宮坂哲文「生活指導の本質」宮坂哲文編者代表『生活指導』(明治図書講座学校教育 11)、明治図書、1956 年。

第7章　かこさとしの子ども文化論

子ども文化論への展開

　本章では、絵本作家であり児童文化研究者であった、かこさとし(加古里子)が展開した、子どもの遊び文化に関する論考に注目し、彼の遊び観を再構成する。それによって、遊ぶ存在として子どもを見すえた彼の子ども観の基底が明らかになるはずである。加古は、絵本作家としては『だるまちゃんとてんぐちゃん』(1967年)に代表される「だるまちゃん」シリーズや、『かわ』(1966年)、『たいふう』(1967年)などの科学絵本の作者として著名であり、刊行された総作品数は600点以上であるとされる。既存の加古に対する言及においては、彼の創作活動を基礎において支えた児童文化思想に関するものは、管見の限り見出すことができない。本章は、彼の旺盛な創作活動を刺激した子ども観に関する思想的検討の不備という、先行研究の欠落を補うものである。

　本論に先立って、加古の略歴を瞥見しておきたい(加古里子、かこさとしなど複数の筆名があるところ、本章では「加古」として呼称を統一する)。加古は、1926年福井県に生まれる。加古里子(かこさとし)は筆名であり、本名は中島 哲<ruby>中島<rt>なかじま</rt></ruby><ruby>哲<rt>まさとし</rt></ruby>である。1948年東京大学工学部応用化学科を卒業後、昭和電工(化学工業会社)勤務を経て1973年にフリーランスとなる(この間、1962年、東京工業大学より工学博士の学位授与。学位論文題目は「亜炭酸化生成物を基体とする土壌改良剤並びに肥料に関する研究」)。1979年より東京大学教育学部、東京都立大学人文学部等で非常勤講師を務めつつ、民間教育運動、文筆活動に従事する。大学卒業後に人形劇団「プーク」に参加し、その折、保育問題研究会のメンバーから子供会の指導を依頼されたことがきっかけとなり、1951年よりセツルメント活動に従事、当初は東京大井町みどりのいえの子供会活動に参加し、翌年には川崎セツルメントに移った。セツルメント活動の時期に、のちに保育問題研究会の主要メンバーとなる幼児教育学者の宍戸健夫や、教育学者の坂元忠芳

らと交流する機会を得ている。最晩年に至るまで創作意欲を減退させることはなかった加古は、2018年に慢性腎不全のため92歳で死去した。

既存の遊び論への批判：還元論から文化論への転換

　加古の遊び論を検討するに当たって、まず彼による遊びの古典理論批判を見よう。加古が批判しているのは、遊びの還元主義、つまり遊びを、他の何ものかの目的に対する手段としてのみ意味づける考え方である。遊びが、別の本質的な意味を実現するための、いわば手段だとする捉え方を加古は批判している。この批判作業は、遊びが、人間の創造的行為の集積としての文化であるということを主張するために必須のものであった。

　第一に加古は、フリードリヒ・フレーベル(1782-1852)におけるような、遊びを「生活の鏡」だと見なす論を批判の俎上にあげる。「フレーベルは「遊びとは自分の生活と他の人の生活、内面的生活およびまわりの生活の鏡」と考えました。そして遊びの本質を「表出の自由」に求め、だから映し出されたものは限りなく新鮮な刺激になると述べました」(加古 1980：4)。ところが、フレーベルは、「生活の反映」以外の遊びの側面を見おとすことになっているという。これは、遊びを生活へと還元する論への批判である。

　次に、フリードリヒ・シラー(1759-1805)やハーバート・スペンサー(1820-1903)の「余剰精力説」に対して加古は、「余剰も何もなくなるほど、遊びに熱中する」こと、「余剰エネルギーを費やすために遊ぶのではなく、遊ぶことによって次のエネルギーが増蓄される」ことを見ていないとする(加古 1980：5)。さらに、カール・グロース(1861-1946)の「生活準備説」に対しては、「普通の大人ならしない」遊びをすることの不合理を加古は指摘する(加古 1980：5)。加えて、モーリッツ・ラツァルス(1824-1903)の「休養説」に対しては、子どもが遊びにおいて「たいへんなエネルギーの消費」を行っていることの説明がつかないとする(加古 1980：7)。

　一方、ジョン・デューイ(1859-1952)の「全生活説」、すなわち「遊びは子ど

もの生活そのものであって、成長に従ってそれは大人においては仕事と遊びに
分化するが、それが未分化の状態にある」とする説に対して加古は、「仕事は苦
しくイヤなもの、遊びはたのしく好ましいもの」という二項対立に陥っている
とし（加古 1980：5）、その発想は「子どもの遊びを学習と対立させる考え方に
遡行」せざるをえず、「子どもの生活」において、「遊びという自由即自律の場
と、他の先達者や先験者から教示伝達される習得学習の場があることを無視」
することになるという（加古 1980：10）。

　上記のような、既存の遊び論への網羅的な諸批判は、遊びを、遊び以外の人
間の生存上の必要性を満たすための「効果」や、本能的あるいは生得的な内在
的要因に還元させて論じることへの加古の違和感に由来している。

　加えて、加古は、遊び論の提唱者として著名なヨハン・ホイジンガ（1872-1945）、
ロジェ・カイヨワ（1913-1978）の遊び論に対する批判をも提起している。ホイジ
ンガ、カイヨワに対する加古の批判は、遊びの「効果」への還元論に対する批
判とは異質のモチーフから来ている。そのモチーフは、ひとことで言えば、両
者の所論は大人の遊びに関するものであると同時に、大人が遊びに関して感じ
ていること（内面における経験）に関するものであり、子どもの遊びの独自性を
十分に明らかにしえていないというものである。まず、加古は、ホイジンガと
カイヨワの遊び論を同質のものとして捉えている。「遊びを大人の立場から考
察したものとしてカイヨワの論がありますが、彼の考えはホイジンガの論考の
継承と批判によってなりたっている」（加古 1980：165）。加古によれば、ホイ
ジンガは、人間の遊びを、(1)きまった時間と場所で行われる、(2)きちんとした
規則規定に従っている、(3)緊張と喜びのある非日常的なものである、(4)自発的
行為もしくは業務である、という四つの性格を持つ営みと定義づけた（加古
1980：165）。これらの四点のうち、加古が特に批判的なのは、(3)遊びは非日常
的な活動であるというホイジンガの指摘に対してである。加古によれば、「子ど
も達の毎日は「遊びが即生活である」といわれるほどなのに非日常的なものだ
け「遊び」」とされているのは不適切である（加古 1980：167）。加古は、「遊び」
は子どもの日常的な生活に編み込まれて一体化しており、遊びを日常生活から

分離することは、少なくとも子どもにおいては不可能であるとするのである。

　さらに、カイヨワについて加古は、カイヨワが遊びの特徴の一つに「非生産的な活動」であること、つまり「金銭や新しい価値をつくり出さないこと」に置いていることにも不満を示す(加古　1980：166)。加古によれば、子どもは、遊びを通して、何らかの「実利」、あるいは価値を常に創出し続けている。それゆえ、仮にカイヨワのように、遊びを、価値を創出しない活動だとしてしまえば、子どもが遊びを通して、子どもなりの新しい価値を創り出したなら、その活動は、価値生産的であるがゆえに、カイヨワの言う「遊び」の範疇には収まらなくなってしまう。

　第三に、加古は(2)遊びの規則性に関しても、全面的には賛同しえないという。子どもの遊びも「ルールや規則を設け」るものの、「子どもの世界では、非常にゆるやかでルーズであり、ときにやぶったり逸脱し、ちがうものに変えてゆく柔軟さを持っている」(加古　1980：167)。加古も、子どもの遊びの規則性については重視してはいるものの、ホイジンガがその規則の固定性、安定性に着目していたのに対し、加古は、子どもの遊び規則の融通無碍な変容可能性に着目しているのである。つまり、子どもの遊びは、規則的であると同時に自由な営みでもある。「「自由性」と「規則性」という相矛盾し二面性をもっているところに子どもの遊びの特長」があるということを、ホイジンガ、カイヨワは捉え損ねていると加古は見るのである(加古　1980：168)。

　加古は、ホイジンガとカイヨワが共に見おとした遊びの特質として、二つの「変動性」に注目する。第一の変動性は、「遊びのルールややり方や、人数およ名が、時代・地域・民族において時々刻々流動し変化し、発展し消滅するという動的な側面」である(加古　1980：168)。いわば、遊びのヴァリアント(変異体)が、遊ぶ主体が置かれた文脈によって、極限的なまでに多様に産出されていくという自己変容性である。「子どもの遊びの展開は、それにふさわしい場所・時間・対応するもの(者あるいは物など)によってさまざまにしつらえられる」のである(加古　1980：16)。

　第二の変動性は、「子どもが大人と本質的にちがう点」としての、子どもの「成

長し発達する」存在であることである(加古 1980：168)。加古は、子どもの本
質を、発達性、あるいは変容性に見て取っているといってもよいであろう。「成
長し、変化してゆく動的な存在である子どもと、そのうみ出した行為行動とし
ての遊びが、多様に変化や変応しつつ子どもの成長を支える動的視点と、親や
家庭や環境につつまれながら、それに反発したりのりこえ変えてゆくのが子ど
もであり、成長発達した力が遊びを求め、その遊びが子どもの諸能力をさらに
伸張させるという相互影響と内部相克の二面性をもっている」ことを重視し、
これらをホイジンガ、カイヨワは共に見落としているというのである(加古
1980：169)。ホイジンガ、カイヨワ共に、遊びが子どもの能力を高める、ある
いは遊ぶ主体の発達を促進するという、遊びが持つ、主体を変容させる潜勢力
を見おとしているのである。

　要するに、ホイジンガやカイヨワの遊び論は、あくまで大人の遊びを検討し
ようとするものであり、大人の遊びと子どもの遊びの相違に注意を向けておら
ず、特に子どもの遊びの特質を検討しようとはしていないと加古は述べている
のである。彼によれば、子どもにとっての遊びは、「第一義的な「伸びてゆく力」
に資するプラスの面」に焦点が当たるのに対し、大人の遊びは、「享楽」という
副次的な位置や性格を脱することができない(加古 1980：170)。それは、大人
にとっては、「行為の主要部分は仕事とか勤務・労働とよばれる場において発揮」
されるため、遊びはそこからの「気晴らしや回復」として位置づけられてしま
い、「いきおい逃避、消極、享受、消費、追随、欠落、犠牲・負担、退廃、虚偽、
淫蕩、陰微等につなが」り、「自由というよりは放恣」、「娯楽より享楽」となっ
て、ネガティブな位置付けを与えられてしまうという(加古 1980：169)。つま
り、大人にとっての遊びが放恣・享楽だと捉えられるのは、遊びの対立項とし
ての「仕事」が常に念頭に置かれているからに他ならない。

　ところが、子どもにとっては、遊びの対立軸としての「仕事」あるいは「労
働」は存在しない。ここにおいては、大人の遊びを把捉するための概念を、安
直に子どもの遊びに適用するために不具合が生じているのである。「大人と子
どもは、遊びという共通の生活部分をもちながらも、生活基盤や生活構成にお

いて基本的に異なることを認識しておくこと」が必要である。「子どもの遊びは即生活といわれるほど、相互影響と重複性でいったい不離であるが、大人の遊びは明らかに他の生活部分と分離し、ときに矛盾離反した独立型をとる」（加古1980：199）。すなわち、子どもの遊びは、あくまでも、子どもの「生活」という文脈との相互嵌入、相互浸透のダイナミクスの中で捉えられねばならないと加古は考える。「遊び」そのものの「大事さ」とは、「限定された、生きた実生活のなかの自由の場に遊びがある」という実態と関わるのである。「実際的な、空想的でない子どもの実生活の自由であるため、子どもはそこで遊びを選択し、淘汰し、実行する「自由」をうる」のだし、「そのときの自分の自由な意見を表明し、たたかわせ、妥協し、協調し、同化」してゆきながら、「自らの考えと行動を自らが律する」ことを習得する（加古 1980：14）。遊びには、確かに「規則性」は存在するが、既に指摘したように、ホイジンガやカイヨワが重視したほどには、加古は遊びにおける規則を絶対視していない。加古は、遊びにおける「自由性」と「規則性」の二重性において、むしろ前者の「自由性」をこそ重視する。「子どもの遊びの推進力は、拘束や束縛や規制や重大な危険から解放された「自由」をもっていると意識したとき、最大に発揮される」（加古 1980：17）。

　遊びを、生活という、子どもの生存に絡み合う重要な営みとして位置づける加古は、遊びを安易に意味づけることを戒めている。例えば、遊びは「教育的効果」を持つのであるが、「教育的効果」を持つために遊ぶ、あるいは遊ばせるのではないのである（加古 1980：14）。効果があるから遊びが重要なのではなく、遊びはそれ自体として重要なのである。その遊びの重要性は、子どもによって「愛好されているという大事さ」に他ならない。「遊びは、「教育的によい」から大事であるとか、「教育効果」をもたらすから注目するとかの以前に、「遊び」そのものに既に重要さがある」。そう捉えない限り、「遊びは常に従属物であり、教育の方便、指導や学習の第二義的なものとしての地位しか与えられない」ことになってしまう（加古 1980：14）。遊びとは、他の目的や行為に対して従属してはいない。言いかえれば、遊びは目的合理的行為ではなく、それ自体が完結

した、あるいは独立・自律的な営みだとされているのである。

加古による遊びの特質の分析

　それでは、加古自身による遊び観がどのようなものであったのかについて、彼の具体的な遊び分析に即しながら見てゆこう。加古が、「絵かき遊びの二法則」として取り上げるのは、第一に、「日本中の子どもたちが、この絵かき遊びを共通しておもしろいとおもっているということ」である（加古　1975：23）。つまり、遊びの特質を、加古は子ども（遊びの主体）が心的に感じる「おもしろさ」に見いだしているということである。「子どもたちの遊びを律するものは、そのときその彼らにとってその遊びがおもしろいかおもしろくないかがきめ手であり、それが採否をきめる尺度となっている」（加古　1975：24）。「おもしろさ」は、遊びへのモチベーション（動機付け）であるのみならず、遊びの「採否」を決める判断基準でもある。つまり、「おもしろくない」遊びは子どもによって遊ばれない、つまり採用されないのであり、それはその遊びが淘汰され、消滅することを意味するのである（ただ、ここで加古が言う「おもしろさ」が何なのかについては、これ以上は論及されていない。「おもしろさ」というのは、遊ぶ子どもが心的に感じるもの、つまり内面の揺動である。内面の揺動そのものを、遊びと同一視してもよいのだろうか。そのような内面の揺動そのものは、遊びという活動、あるいは行為の結果として生み出された状態なのではないか。とすると、遊びが、「おもしろさ」を子どもの中に生起させたとしたら、その原因になる何ものかは、遊びという活動に内在する特質と捉えてよいのだろうか。これらの問いについては、加古は一切論じてはいない）。

　さて、加古にとっての子どもは、既にある遊びの「おもしろさ」に満足し、安住する受動的な存在なのではない。「子どもたちはおもしろい中核を失わないようにしながらも、変革してよいところを選別し、そこに彼らなりの創意や工夫をくわえ、生活感情のぴったりとする形にかえていっている」（加古　1975：24）。「絵かき遊びは、大人たちの社会が固定化し定型化しつつあるなかで、自

分なりの創意と喜びを、絵と図、詩とユーモアでつづり、しかもそれが自分た
ちの考えや生活感情とことなればかえてゆく自由さを確保している」(加古
1975：32)。この遊びの可変性、変容性こそが、加古のいう絵かき遊びの第二法
則である。つまり、子どもたちは、自分たちの生活文脈に遊びを適合させるよ
う、遊びに対して不断のアレンジメント(創造的改変)を加えてゆき、それによ
って、生活文脈の多様性に馴化していくように、遊びも多様化していくのであ
る。上記をまとめて、加古は言う。「第一の法則は子どもたちの本質を見ぬく力
を示し、第二の法則は創造の力を物語っていると考えられる」(加古 1975：25)。

　さらに、上記の二法則に加えて加古が重視するのは、遊びにおける集団性、
あるいは組織的・求心的性格である。子どもたちの絵かき遊びは、子どもたち
自身が「何を望み、何を喜び、何にひかれるのかを具体的に個性的に、しかも
集団選択の生きた形で示してくれる」ものである(加古 1975：34)。遊びへの変
革、あるいはアレンジメントは、その発案者の子ども一人だけでは起こりえな
い。遊びに「子どもたちの集団が参加」することにより、ある子どものアレン
ジ、創案を、「その隣で聞いた子も、その最初にいいだした子と同様に、あるい
はそれ以上にその意味をさとり」、それを自分たちの遊びの中に導入する(加古
1975：47)。つまり、遊びにおける子どもたちの創造性は、集団の中における発
案とその受容、そして更に多くの遊び手としての子どもへの伝播として、いわ
ば共同的に生起する。

　このような伝播と共有の結果、ある形式を持つに至る遊びを、加古は「民衆
芸術の典型」と見なす。その例として、加古は「ジャンケン遊び」を挙げる。
「民衆の喜び悲しみを自分のものとし民衆の要望に学び高めてゆく芸術家と、
すぐれた芸術家を自分たちの代弁者として支持し大事にする民衆というもっと
もよい関係を、子どもたちはジャンケン遊びのなかでいともたやすくなしとげ
ているのである。この子どもたちの集団と個人をつなぎつらぬくきずなは、た
った一つ、おもしろいということにつきている」(加古 1975：47)。「おもしろ
さ」こそが、子どもたちを集団へと繋いでいくのであり、子どもの遊び集団は、
「おもしろさ」を共有するカーニヴァル(祝祭)的共同体なのである。

　集団における遊びを可能にするものの一つが規則やルールである。集団での遊びを通して、子どもは「複雑で多岐な原則やルールやきまりや罰則、ときには特例や例外事項、ローカル・ルールといったものがあり、それらをいろいろな実際の場で経験し、おぼえ、体得してゆく」（加古 1975：54）。子どもは、「遊びの世界をつうじながら、人間のいとなむ生活や社会がいりくんで、複雑で変化があること、さらにそれへ対応せねばならず、また適応してゆくものが人間の力であるということを自覚」することになる（加古 1975：55）。教えられるのではなく、子どもはそこで自ら学ぶのである。遊びの中には、遊び、学びの主体はあっても、教えの主体は存在しない。

　遊びが集団性を特質とするといっても、その遊びの中で個々の子どもが体験すること、感得することは様々である。「遊びの世界」は、「同一履歴はない個人的なもの」なのである（加古 1980：77）。遊びは、この体験の履歴の個別性、多様性において、「全部の子に均等に準備」することが求められる「授業」とは、著しいコントラストをなしている。

　自然物に接することは、遊びを触発する。草木遊びにおいては、「さまざまな植物のもっているちがい、性質や機能、形状の異同を具体的にこまかに知り、区分し、ときには類推してゆく」ことが求められてくる（加古 1979：8）。草木遊びのおもしろさを味わうためには、素材となる植物の「特長をしっかりと知る」ことが必要になる（加古 1979：8）。逆にいえば、「特長」を知らないことには、遊ぶことができない。遊ぶためには、遊びの素材となるものの性質を認識しておくことが前提となるのである。言いかえれば、草木遊びをおもしろくする条件は、その植物自体の性質に遊びを従わせることなのである。このプロセスを通して、子どもは植物の性質を体験的に認識していく。「植物の遊びをするさい、必ずその目的以外の色やにおいや味や形状、触感、硬軟、強弱といったものすべてを体で知る機会にめぐり合う」のである（加古 1979：8）。

　植物以外にも、自然物は多様な姿を子どもに見せる。例えば、地面、大地もそうである。「大地は土や泥や砂や粘土といったさまざまな様相をしていて、その土でさえ、黒かったり赤かったりしていて、千変万化であるということを知

る」（加古 1975：54）。自然物を使う遊びは、「地球の、自然の一様ではないということ」、つまり自然物の多様性への気づき、「体得」を可能にしてくれる（加古 1975：55）。自然への多様性の気づきは、系統化された教科カリキュラムを介した学びでは容易ではない。加古は言う。「実態は、けっしてそんな簡単な形［引用者注・社会や理科の教科書における区分］をしていない。たがいにからみあい、影響しあい、もつれあっているなかで、自分の考えで正しく判断し、自らが実行し、その結果の責を自分が負ったり満足したりしていかなければならないことを――子どもたちは大地との遊びでえてゆくのである」（加古 1975：55）。

　草木遊びの展開からも知られるように、加古によれば、「玩具」は、遊びにとって必ずしも必要であるわけではない。顔、手指など、身体の一部を用いて行う遊びは、子どもの原初的な遊びの一つである。「手を動かして身体の各部に接触するという直接的な皮膚の刺激と同時に、たのしいやさしい短いことばがリズムをともなってひびいてくる」（加古 1975：12）。それは、子どもにとって原初的なコミュニケーション体験でもある。

　子どもが身体的存在であるということが、既に遊びを可能にしてくれる原初的な条件である。身体は、遊びの主体でもあるが、客体、対象にもなり得る両義的な存在である。「どんな場所でも、どんなときでも、身体といっしょについてまわってくれ、安全で危険がなく、こよなく便利な手と指は、その年齢のこどもにとってもっともすばらしい道具であり、玩具であり、発展へ導いてくれる教具となる」（加古 1975：13）。

　玩具のように、特定の遊びのために、人為的に生産されたものよりも、「子どもにとって、変容し、変貌し、このごろの言葉でいえば何にでもヘンシンしてくれるこうした多様性のある素材が、しかも子どもの自由になる、自由にしてもよい、すなわちただで入手できるものが、一番すばらしい素材となる」（加古 1979：16）。例えば、「ハンカチや手ぬぐいが子どもたちの自由にできる大きさ、重さであるということと、その色が主として白であるということ」は、ハンカチが持つ遊びの素材として優れた特質であると加古は言う。白い色は、子ども

にとって色彩に惑わされない自由を与え、逆にさまざまな色彩や物に転化する機会をあたえてくれる。遊びの素材は、子どもにとって「自分の自由になる」ことが重要なのである（加古 1979：17）。

　遊びの素材がもたらす「自由」さが重要なのは、それが刻々と変化する余白を持っているからでもある。加古は、「あやとり」のおもしろさに触れながら、「ひも」という単純な素材の特質が生み出す変化に子どもが気づくことの重要性を指摘している。あやとり遊びのおもしろさは、「一本の細いひもの輪がいろいろと変化するおもしろさを子どもたちが看取するということ」に他ならない（加古 1975：90）。あやとり遊びに限らないが、遊びは過程そのものがおもしろいのである。何らかの結果、成果を目指して行われる活動ではない。結果がもたらすおもしろさも当然あるが、それが全てではない。この点において、遊びは生産ではない。「あやとりは、けっして完成型だけをたのしむものではなく、その道程や、偶然まちがえたものの発見や、経過自体に物語がついた「道行」があって、結末にいたる演劇的展開がそなわっているという点」に特色があると加古は言う（加古 1975：91）。加古がここで言う「演劇的展開」とは、遊びの過程の中に、変化があり、それが可視的に捉えられることで「おもしろさ」が産み出されるということであろう。

子どもの発達と遊びの関連の層化構造

　加古は、遊びを含めた子どもの体験が、発達という形でどう顕現していくかについて、層化構造図式を提示して伝えようとしている。加古の発達図式は、心の発達と、それに適合する体験の対応を重視する、いわば発達と体験を相似的に対応させるものである。心の発達に必要な体験に求められる条件は、加古が遊びの特質として見いだしたものと重なり合っていることが見て取れるだろう。

　加古によれば、「すこやかでかしこい子」を育てるためには、次の三項目が重視されなければならない（加古 1975：213）。

① 子どもたちの本能的、生理的、身体的要求を十分にかなえ満足させてやること

② 自然や社会とのふれあいをたくさん蓄積させ、生活経験を豊富にさせること

③ ことばによる思考の刺激をあたえ、自主性をもった学習をさせること

　①は遊びの特質である「自由」であることや「おもしろさ」、②は「素材の性質の認識」と関連している。これら①や②を「学習」へと結びつけ発展させていくための道具が「ことば」であるとされている。「ことばによる思考」が加わることによって、遊びは学びへと昇華していくと考えられているのである。

　既に述べたように、これら三項目の体験は、並列関係にあるのではなく、①の上に②が、さらに②の上に③が上構する。すなわち、基礎から①→②→③の順に、構造を成して組み上がっているのである。最下層において基礎をなす①の遊びでは、「本能的要求や筋肉の動作によってつくられる基礎的な神経回路のうえに、考えたり工夫をしたり判断したりという高次の働きがいとなまれる」。「本能や生理的満足は、他のいきいきとした働きの基礎であり、それをいたずらに抑圧することは、けっしてその上部の活動をたすけるものとはならないし、また身体を使い、運動することは、筋肉をより強く柔軟にきたえ、健康な体をたもつとともに、大脳の発達を促進することとなる」（加古 1975：214）。このような「本能的、生理的、身体的欲求」の充足は、遊びの中においてこそ十全に成し遂げられるというのが加古の主張である。「「遊び」というものは、「すこやかでかしこい子」のために、本能や生理的な要求を満足させ、身体の筋肉その他のエネルギーを健康な形で発散させてゆくあいだ、さまざまな自然や社会との接触の機会を持ち、ふれあいを深め、そして家庭の指導、学校や園の教育と相まって、子どもたちの頭脳をみがき、のばしてゆく、自主的な行動なのだ」（加古 1975：216）。

　上記の①「子どもたちの本能的、生理的、身体的要求」の十分な満足のレベルを遊びで満たし、その上に生活経験を主に家庭で、さらにその上に言葉によ

る思考、自主的な学習を主に幼稚園・保育所や小学校で行うことにより、「すこやかなかしこい子」が育つと加古はいう(加古 1975：215)。このように、相異なる質の体験と、それに対応する子どもの内面の育ちを対応させ、それを層化構造として表現することには、第 3 章で見た保育実践家・近藤薫樹からの影響が見られる(近藤 1969)。

　子どもたちが成長し、自立した人間能力を確保するためには、(A)学校・学園等における指導者・責任者による意図的・系統的な学習、(B)家庭における両親・家族による人間的習慣・考え・行動の規範の習得と伝授、いわゆるしつけや家庭教育といった場とともに、(C)子ども自身と仲間による無系統、不定型ながら、興味にもとづく自発自律的な遊びにおける集積という三者があって、はじめてのぞましい結果が招来される。子どもの発達のためには、質の異なる複数の活動がもたらす多様な体験が有機的に結合し、複合することが必要であり、その体験の総合を実現するような環境を構成することが必要だと彼は述べているのである。

　以上のように、加古においては、遊びは、それに上構する生活体験や系統的学習の基層をなす根源的な体験なのであり、それは子どもの発達に大きく寄与する経験となる。「子どもははじめはまわりの大人によって「遊び」を授けられ、それが成長をうみ出し、成長した心身をそなえた子がさらにその「遊び」を多様にしてゆくというように、「遊び」が成長を支え、成長が「遊び」をひろげるという相互交絡共補協進の関係にある」(加古 1980：25)。加古によれば、遊びの発展と、心身の成長は、いわば相補的、あるいは弁証法的な相互作用を及ぼし合っているのである。

　本章は、加古の子どもの遊び文化論に焦点を当て、彼の遊び観を明らかにすることによって、遊ぶ存在としての子どもを、加古がどのように捉えていたのかを明らかにしてきた。加古の遊び文化論は、大人の遊びに対する理論を安易に子どもに転用するのではなく、子どもの遊びの特質を明らかにしようという意図を持っていた点が特徴的である。保育学における遊びに関する言説が、大人の遊びに関する古典的な理論を当然視している現状を問い直そうとするとき、

加古の遊び論を再読することの意義は失われていないだろう。

　加古にとって遊びとは、「おもしろさ」という心理的昂揚を追求することを唯一の動機とする自発的活動であり、「自由」であることを本質としていた。そして、この「おもしろさ」は、子どもが他者と共有し合い、共鳴し合い、伝播させていく中で、徐々に変異体を形成し、その形式の多様性を増していく。その点において、加古における遊びとは、他者との共同的実践の中で創りあげられ、アレンジされ続けていく、無形文化であるともいえよう。ただ、加古の遊びの定義が、「おもしろさ」の追求という、心理的な動機のみによってなされていることは、同時に彼の遊び論の限界をも画することになるだろう。それは、「おもしろさ」を感じない子どもは遊ばない、という、「遊ばない子ども」を視野から取りこぼすことになりかねない（例えば、加古は批判しているものの、人間が遊ぶとき「おもしろい」と感じる理由を明らかにしようとしたのがホイジンガであり、遊びの「おもしろさ」をいくつかのカテゴリーに分類しようとしたのがカイヨワだったともいえるのではないか。このように問うとき、加古とホイジンガ、あるいはカイヨワの論は、別の繋がりを有することが見えてくるかもしれない）。遊びの伝播と不断の再生を、人為的に成し遂げさせるような環境をデザインする必要に迫られたとき、われわれはいかなる方略を採るべきなのか。この問いに、加古がいかに応答するかを仮想的に思索することによって、加古の遊び論を、保育方法論へと展開させることが可能になるであろう。

第7章の参考文献

　エリコニン『遊びの心理学』天野幸子・伊集院俊隆訳、新読書社、2002 年。

　カイヨワ『遊びと人間』多田道太郎・塚崎幹夫訳、講談社、1990 年。

　加古里子『子どもと遊び』大月書店、1975 年。

　加古里子『日本の子どもの遊び』（上）、青木書店、1979 年。

　加古里子『日本の子どもの遊び』（下）、青木書店、1980 年。

　加古里子『私の子ども文化論』あすなろ書房、1981 年。

　加古里子『鬼遊び：日本の子どもの遊び』青木書店、1986 年。

加古里子『加古里子絵本への道：遊びの世界から科学の絵本へ』福音館書店、1999 年。

近藤薫樹『集団保育とこころの発達』新日本出版、1969 年。

宍戸健夫『土筆の記：私の履歴書』一誠社、1996 年。

ホイジンガ『ホモ・ルーデンス』高橋英夫訳、中央公論新社、1973 年。

第8章　宍戸健夫の保育構造論

伝えあい保育＝集団主義保育理論の集大成

　本章では、教育学者・宍戸健夫(1930-)による保育カリキュラム論の構想、いわゆる保育構造論の特質を明らかにする。分析視角として、教育諸科学の成果が、宍戸の保育構造論にいかに摂取されたかに焦点を当てる。宍戸は現在も健在であり、今なお旺盛な研究・発信活動を展開しているため、いわゆる思想史研究の対象としては適切でないと思われるかもしれない。ただ、本章が検討しようとする宍戸の保育構造論は、後述するように、1960年代から半世紀以上にわたって宍戸が彫琢を試みてきたライフ・ワークであると同時に、本書が扱う「伝えあい保育」の理論的集大成でもある。宍戸は、大学院を満期退学した1950年代から、その時々の主導的な保育潮流、保育政策に対して、相対的に距離を置きつつ客観的な論評を行い、その思想的・理論的背景を明らかにしようとしてきた。そのような経緯は、宍戸の保育理論の精華としての保育構造論が、戦後保育史、特に保育理論史、政策史との格闘を経て精錬されてきた、いわば歴史的構築物としての性格を有することを示していよう。ところが、宍戸の膨大な業績(愛知県立大学退職までの宍戸の業績一覧は、宍戸(1996)所収)のうち、彼自身の保育カリキュラム論に関する批判的検討はきわめて希少である(ただ、宍戸の保育構造論に対する言及が皆無というわけではない。例えば、加藤(1997)、小山(2002)、師岡(2015)などは、宍戸の保育構造論の特色について触れているものの、それらは概略的な紹介の域を出ていない。宍戸の保育構造論が、いかなる思想的・理論的影響のもとに構築されたのかに関する考察をそれらは含んでいない)。

　宍戸の業績は、①近代の日本保育史研究、②保育問題研究会の「伝えあい保育」の思想の具現化としての集団主義保育論の構想、③教育諸科学の成果を取り入れた独自の保育カリキュラム構想としての保育構造論の形成、という三つ

の軸に沿って展開されている。

　宍戸の保育構造論の構築過程が特徴的なのは、保育実践記録の精緻な読解、実践者たちとの活発な対話、共同的な保育実践研究の成果をそこに反映させようと試みたリアリズムのためだけではなく、明治期から戦後までの、日本におけるカリキュラム理論史と実践史を精緻にフォローしながら、それらを、日本における保育カリキュラムの発展史として再構成しようとしたためでもある。宍戸は、2001 年において、日本の保育カリキュラム史が「3 つの潮流」によって形成されてきたという認識を示している(宍戸 2001)。「3 つの潮流」とは、日本における幼稚園草創期においてアメリカから導入された「課業活動を軸とするカリキュラム」、和田實(1876-1954)や倉橋惣三らの系譜に連なる「遊びとその発展を軸とするカリキュラム」、城戸幡太郎に率いられた保育問題研究会が構想した「集団生活の発展を軸とするカリキュラム」である。これらの「潮流」は、いわば理念型として提示されたものである、「個々に独立して存在するということではなく、それぞれが重なり合って」実践を形成してきたという(宍戸 2001：87)。これらの「潮流」の「重なり合い」、あるいは「相互作用」を見るときに有効な視点として、宍戸は保育構造論を挙げるのである。つまり、保育構造論とは、宍戸にとって、「3 つの潮流をどう生かすか」という課題に対する応答として構想されてきたものだということである(宍戸 2001：87)。

　本章は、直接的に宍戸の保育史研究に焦点を当てるわけではない。しかしながら、宍戸の保育構造論の構築過程は、上記のような、日本の保育カリキュラム史からリソースを抽出し、それを現在における保育実践を計画し、捉え返す視点として築きあげようとする過程であったともいえるであろう。彼による、少なくとも近代以降の保育実践史に関する研究は、カリキュラム理論・実践史としても描き出されているため、彼の保育史に対する認識をも、いわば裏面から検討の光を照射して明らかにしうると考えられる。

　宍戸の保育史研究には、幼児教育史学会に属する研究者を中心に、いくつかの言及がある。しかしながら、宍戸が 1960 年代から一貫して取り組んできたカリキュラム論、特に保育構造論と呼ばれる独自の保育計画論についての理論

的検討はほとんど行われていない現状にある。

　既に述べたように、1960年代後半から、宍戸の保育理論は、教育学を初めとする社会科学諸分野からの活発な刺激を受けつつ構築された。この特徴を踏まえるならば、宍戸の保育カリキュラム理論の成果としての保育構造論は、「伝えあい保育」の集大成に留まらず、日本の保育カリキュラム理論史・実践史の総括的業績の一つとして位置づけることができる。保育構造論の提案が、1960年代に緒に就き、1970年代に隆盛を迎え、1980年代以降の批判的検討を被り退潮していったのだとすれば(小山 2002：44)、宍戸の保育構造論はまさに「保育構造論」史の総決算期に提示されたものということができる。20年以上にわたる保育カリキュラムをめぐる理論・実践の双方を視野に収めた包括的な視野のもとに構築されたカリキュラム論は、他に例を見ない精緻なものである。具体的に言うと、三木安正の集団主義保育計画論、城丸章夫の学級経営論、名倉啓太郎の生活時間の分化＝発達図式、久保田浩・安部富士男の保育構造論などを、おおよそこの順に摂取・消化して組み上げられたのが、1980年代に入って宍戸が提示した保育構造論である。後述するように、1980年代になって初めて図式化された宍戸の保育構造論は、その後も固定化されることはなく自己検討の対象として位置づけられ続け、2000年代に入って大きな改訂を加えられ、現在に至っている。本章では、その過程を跡づけたい。

　本論に先立って、宍戸の略歴を記す。宍戸は、1930年、神奈川県横浜市に生まれ、生後間もなく現在の東京都大田区蒲田に転居する。1951年からは、東京大学のセツルメント活動に従事した(宍戸 1996：9)。東大教育学部では、大田堯(たかし)(1918-2018)のゼミに参加、「生活綴方」に関心をもつ。「生活綴方」への関心は、のちに保育問題研究会が提唱する「話し合い保育」、つづいて「伝えあい保育」の理解に大きな影響を与えたという(宍戸 1996：18)。1954年、東大教育学部教育学科を卒業、同大学院博士課程を経て(1991年東大から博士(教育学)の学位授与。論文題目「日本の幼児教育：昭和保育思想史」)、1959年愛知県立女子短期大学(のち愛知県立大学)講師に就任する(1963年同助教授、1973年教授、1996年定年退職)。その後、佛教大学、同朋大学の教員を務め、現在愛

知県立大学名誉教授である。1956 年から入会した全国保育問題研究会では、中
心的メンバーとして活動し、1976 年からは愛知県保育問題研究会会長、1983
年からは全国保育問題研究会常任委員会代表委員などを務めた。

宍戸の保育構造論の前駆としての久保田浩・安部富士男

　既に述べたように、宍戸は、日本における保育カリキュラム史を概観しなが
ら、その中の画期的と思われる要素を自らの保育構造論に摂取してきた。宍戸
によれば、彼自身の保育構造論の先駆的な取り組みは久保田浩(2016-2010)の
『幼児教育の計画：構造とその展開』(1970 年)であったという(宍戸 2000：99)。
久保田は、幼児教育の構造を、「基底になる生活」「中心になる活動」「領域別活
動」という三層の活動の複合として捉えた。「基底になる生活」には、自由あそ
び、生活指導、集団づくり、健康管理など、多面的な活動が含まれている。「中
心となる活動」を成功させるためには、子どもたちが技術・技能を向上させて
いく必要性が生じ、その必要性を満たす活動として「領域別活動」が位置づけ
られる(宍戸 2009：52)。宍戸によれば、基底になる生活は自由あそびを含むた
め、環境構成型カリキュラムと親和性が高く、中心となる活動はプロジェクト
型カリキュラムと、領域別活動は設定保育型カリキュラムと、それぞれオーバ
ーラップするという(宍戸 2009：55)。

　久保田の保育構造論と並び、宍戸が複数回引用する保育構造論として、第 6
章で見た安部富士男が安部幼稚園における実践を基盤に創案したものがある
(宍戸 2003：63)。宍戸によれば、安部の保育構造論は久保田の所論を継承した
ものである(宍戸 2001：89)。子どもの生活を三層からなる重層構造として把握
している点は、確かに安部の構造論と久保田のそれは共通している。しかし、
宍戸によれば、「集団づくり」の位置付けが、久保田と安部では異なっている(宍
戸 2001：89)。久保田においては、「集団づくり」は「基礎になる生活」の中に
含められている。「基礎になる生活」は、日常的な繰り返し、言い換えれば変化
することなく反復することを特徴とする。ところが、「集団づくり」はそれ自体

が、「1つの目標をもった活動の展開」として位置づけられなければならないと宍戸はいう。つまり、宍戸においては、「集団づくり」は発展的に変化していく活動である。このことが、安部の構造論においては、「集団づくり」が「基本的生活習慣の形成」とは異質な、保育活動を支える外構として位置づけられていることに反映されていると宍戸はいうのである。

　安部は、「土台となる生活」を中軸に「課業的活動」と「中心となる活動としての遊び・仕事」の三層から保育構造を捉えていた。安部によれば、「土台となる生活」とは「生命を維持するための活動」および「自由場面における遊び・仕事（労働）」の複合であり、「課業的活動」とは「子どもの興味・関心に依拠しながらも造形、音楽、文学、体育などの文化との出会いを、子どもの自発的活動を促す」ことによって実現しようとする「教師が指導する系統的学習活動」であり、「中心となる活動としての遊び・仕事（労働）」とは、「生活のなかから生まれた仕事的活動」、言い換えれば「子どもたちが自分たちの共通の課題のもとに、長期にわたって展開する活動」である。そして、これらの三層の活動を支えるバックボーンとして、「基本的習慣の形成」と「集団づくり」の両軸が据えられている。安部の保育構造論においては、自由遊びと課業とが関連しあって、「プロジェクト活動」が生み出されていくことに宍戸は注意を促している（宍戸2003：63）。このような三層の活動を支える外構として「集団」あるいは「組織」の形成を位置づけた点は、城丸章夫の学級経営論と共通すると宍戸は述べている（宍戸　2001：90）。

宍戸の保育構造論の中核としての集団生活

　宍戸がカリキュラム（保育計画と彼自身は呼称する）の構造的把握に努めた最初の著作は『日本の集団保育』（1966年）であった（しかし、彼自身はそれが十分なものでなかったことを認めている（宍戸　2000：100）。実際、当該書では、保育計画の構造が図式として明示されているわけではない。土方（1980：225）は、宍戸（1966）においても、「保育内容の区分」が行われているとし、「保育計画」

を「クラスづくりの計画」「あそびの計画」「学習の計画」の三側面から捉えた
としている。だが、土方による宍戸の保育計画の再構成においては、「日課」(デ
イリープログラム)という「規律のある生活のリズムをつくりあげていく」とい
う「保育計画のなかでもっとも重要な位置をしめる」(宍戸　1966：177)とされ
ているものが含まれていないだけでなく、三側面も無関連に並列されているに
過ぎない。このような計画の諸要素の関連付けの弱さは、土方に帰責されるも
のではなく、宍戸の保育計画の構造化が途上であったことの反映だったと考え
られる)。そこでは、日本における保育方法論史の中で、集団主義の検討が不十
分であることを指摘した上で(宍戸　1966：39)、集団生活の中における「目標の
明確化」、「行動から話しあいへ」、「話しあいから行動へ」、「意識づくりと組織
づくりの統一的な発展」という保問研における保育実践のプランが、宮坂哲文
の生徒指導論(宮坂 1962)における「目的性の原理」と「実践性の原理」に適合
するものであると述べている(宍戸　1966：45)。しかしながら、当該書で展開さ
れているのは、集団主義保育における保育者の役割と子ども同士の関係性につ
いての保育目標としての位置付けについての議論であり、子どもの園生活全体
の構造化には至っていない。宍戸は「保育計画の構造」という節を独立させて
保育構造を論じようという姿勢を見せるものの、そこで論じられているのは、
子どもの「個性」と「集団」の発展の弁証法的関係であり、それを保育の「目
的」のみならず「方法」としても位置づけているのである(宍戸　1966：174-177)。
「個」と「集団」の弁証法的発展という保育目的・保育目標は、「クラスづくり」
「学級経営」の中で具現化されると宍戸は述べるが、そこで参照されているの
はやはり宮坂哲文の影響を受けた生活指導論である(宍戸　1966：180)。つまり、
1966 年の時点では、宍戸のカリキュラム論において、保育目的と保育方法が混
淆して論じられ、その双方が生活指導論という学校教育学の概念を援用するこ
とで提示されていたのである。
　宍戸が次に取り組んだのは、保育目的と方法を分節化させつつも、両者が密
接に関連し合うようなカリキュラムの構造化であった。この取り組みの成果が、
具体的な図式的表現を伴って提示され始めるのは 1970 年代以降のことである

(1970 年の時点では、未だ上記の状況を脱してはいない(宍戸 1970)。1977 年の時点でも、宍戸は後述の城丸の学級経営論へのコメント論文の中で、「「保育の構造」を明らかにする仕事は、保問研としては宿題になっているが、城丸論文[引用者注・城丸(1977)のこと]はこの宿題をとく鍵を与えてくれている」と述べている(宍戸 1977：46)。「宿題」に対する成果が、城丸の論考からの刺激を受けて現れ始めるのは、後述するように 1980 年代を待たねばならない)。1970 年代の宍戸の主たる関心は、保育の場における乳幼児の「集団」にあった(宍戸 1975)。1979 年の段階では、宍戸は木下龍太郎との分担執筆ではあるが、「保育内容の構造」として、「あそび活動」「生活指導」「課業活動」の三つの「内容」を挙げている(宍戸・田代編 1979：63-136)。保育内容を三層から成る「構造」として示した早い例と思われるが、そこでは子どもの「活動」と保育者の「指導」が混淆的に論じられている。

保育構造論提示の直前における影響：城丸章夫と名倉啓太郎

　保育目的と方法の統合化・構造化という取り組みを進める上で、宍戸が強い影響を受けたとされるのが、生活指導研究における城丸章夫(1917-2010)である。1970 年代になって、全国保育団体連合会の機関誌である『ちいさななかま』において、城丸は幼児教育論を展開しているが、そこで彼は子どもの生活を①遊び、②仕事(実務)、③勉強(学習)の三領域からなるものとしてまず捉え、低年齢児の場合には特に④養護という領域を加えて四領域としてもよいと述べる(城丸 1981b：19f.)。養護が別個に扱われているのは、養護は「おとなが世話をすること」であるのに対し、それ以外の三領域は、子どもの活動が持つ「目的と性質」から分類したものであるからである。城丸がまず注意を促すのは、幼児の生活において、三領域は截然と区別されるものではないということである。というのも、幼児はそれらを「あそび」として融合させ、全体化させてしまうからである。つまり、城丸によれば、子どもの生活の三領域は、「あそび」という複合体として成り立っているということである。このような融合態としての

「生活＝あそび」は、城丸によれば二つの観点から検討されなければならない。第一に、その生活が、どのような「社会関係・人間関係」によって成り立っているかという観点と、「あそび」「仕事」「学習（勉強）」のそれぞれの内容が、どのように関連しあっているかという視点である。つまり、城丸は、生活を、「社会関係・人間関係」と、三領域の内容的連環という二つの側面の「統一」として見ているのである（城丸　1981b：108）。

　「学級経営」を「学級の集団生活の指導」として捉える城丸（城丸　1981a）が、「縦軸に子どもの民主的な交友関係と自治組織を、横軸に遊び・仕事・学習をという、立体的構造で捉えるべき」だとしている点を宍戸は重視する。人間関係や組織という観点を「土台や骨組」として位置づけ、その上に「遊び・仕事・学習」という活動の観点を組み上げ、「生活を構造的にとらえる」視座を宍戸は城丸から学んだのだとする（宍戸　2000：100）。この城丸の学級経営論を、保育構造論へと翻案しようとしたのが宍戸の試みであったということができる。例えば、小学校段階における「遊びと文化活動」には、「仕事と学習を分化」させる原基的性格が保持されており、それが「仕事と学習」の双方を含み込むと同時に、「仕事と学習」への分化と移行を推進させる動力源でもあるとして、「遊びと文化活動」を重視している（城丸　1981a：17）。「遊び」の重視というモチーフは、後述するように宍戸の保育構造論においても共有されている。

　さらに、宍戸の保育構造論に影響を与えた論としては、発達心理学者・名倉啓太郎(1934-2006)の「生活活動の分化と生活時間の構造図」があった。名倉は、5歳から7歳にかけて、子どもの生活の中に「遊びと課業と労働」が分化し構造化すると見る（名倉　1979）。名倉においては、「自由性、自己目的性、自発的内在性」を特徴とするのが「遊び」、「他から課せられ他に目的を設定した活動」が「課業」、「集団生活の中で、一人の集団成員としての社会的役割を担う「生活者」として、なんらかの価値を生み出し、自らをもまた他者をも喜ばせることのできる活動」が「労働（仕事）」である。名倉によれば、乳児期においては、子どもの生活時間はほとんどが「生理的生活必要時間」が占める。1歳から3歳の幼児期前期において、徐々に「生理的生活必要時間」の割合が低下し、「遊

び時間」が伸張してくる。3歳から4歳にかけては、「遊び時間」から「課業・学習時間」が分化し、さらに5歳以降は「課業・学習時間」から「労働(仕事)」が分化してくるという。

　名倉は、まず、乳児期から幼児期にかけて伸張してくる「遊び」の変化を、「他者と共在し、他者とかかわりをもって遊び楽し」むのを追求するようになることから生じてくると見る(名倉 1979：220)。つまり、名倉における乳児期から幼児期への移行は、生活における他者との交流、人間関係の深化として特徴づけられている。人間関係の深化・複雑化を経験する中で、子どもは「他の社会的存在から期待され、課せられる活動としての目的性に、自らを合わせ、その期待にそえるように、努め励もうとする態度が形成」されてくる。他者志向的な態度形成が、「課業活動」を成立させる当のものに他ならない。名倉において、課業活動とは、子どもが他者からの期待に応じようとすることを動機とする活動なのである。

　他者からの期待の内面化によって引き起こされるという点は、「労働(仕事)」も共通である。「自己と他者との関係の中で、一つの役割を果たすことができること、大人の意思に従って、その中で自らの意思を働かせることの意味を捉えた自己活動であり、自己実現であるところに、幼児の積極的な労働活動への意欲と態度の根源がある」(名倉 1979：223)。これは、「おもしろさ」によって引き起こされる遊びとは、やはり質的に異なる活動といわねばならない。

　名倉は、幼児期後期において分化してくる「遊び」「課業」「労働」の三つの活動が、子どもの自発性・内発性、自律性・自立性を条件とする、「人とかかわり合った集団の中での自己活動」であるとして、活動の集団的側面を重視し、さらに、それら三つの活動が、分化してはいながらも「相互に他を促進させあう」という連環の中にあるということを強調している(名倉 1979：225f.)。

　宍戸は、上記のような名倉の所論を、「乳幼児の基本的な生活活動(生理的生活必要活動)」を土台としながら、乳幼児の遊び活動が、発達の進み行きの中で、「課業・学習時間」や「労働(仕事)時間」にどのように分化し、関係づけられていくかを表現する発達図式として読んだ(宍戸 2000：102)。宍戸は、名倉の論

を、「三、四歳ごろまでは、「生理的生活」と「遊び」とが、その生活の大部分を占めている」が、「四、五歳からは「遊び」と「課業・学習」と「労働(仕事)」へと生活活動が分化」することを示すものとして見ている(宍戸 1982：29)。

年齢が低いほど「基底になる生活」にウェイトがかかり、領域別活動の比重は小さいが、4 歳、5 歳においては領域別活動、課業活動の必要性が子ども自身に自覚化され、それを積極的に自ら学ぼうとする意欲が生じてくるという。この主張を裏付けるのが、名倉の生活時間の分化図であるという(宍戸 2009：55)。

宍戸が城丸から学んだものは、集団づくりを、諸活動を支える外構として位置づけることの必要性であった。そのことは、集団づくりそのものが、活動の一つではなく、いわば三つの質を異にした活動の全てに関わり、活動の質の高まりと共に、集団の質も向上するようなものと位置づけられることを意味した。

一方で、宍戸が名倉から学んだことは、発達の中で、活動のウェイトが変動し、質の異なる活動の間の関連性が遷移していくこと、そして、それぞれの時期の発達を主導する活動が変遷していくということであった。一日の生活時間に占める個々の活動の長短は、宍戸においては、そのような発達をリードする活動の変化を意味するものとして受け止められたのである。このことは、保育構造が、発達の中で変容していく可能性を示唆している。宍戸が名倉の所論を摂取したことは、宍戸の保育構造論が、諸活動の相互関連の生態学的移行、すなわちクロノシステムを内在化したことを意味しているだろう。

1980 年代初頭における宍戸自身の保育構造論の提示

以上の影響を受け、1982 年の時点で初めて(宍戸 2000：102)、「保育計画の構造」というクリアな図式が提示されることになる(宍戸 1982：48)。宍戸は、自らの構造図を、「縦軸に子どもの民主的な交友関係と自治組織を、横軸に遊び・仕事・学習を」位置づけるという「立体的構造」を持つものだとしている。つまり、「横軸」とされる三つの活動が、「縦軸」とされる子どもの人間関係と

組織に支えられるという構造を持つものとして、保育計画を捉えようとする（図8−1）。

　宍戸は、自身の保育構造論の特徴を、以下の五点にあるとしている（宍戸2000：103f.）。

　第一に、基本的生活の形成を土台として、最も基底に据えたことである。基本的生活とは、睡眠、食事、排泄、着脱衣、清潔など、基本的生活習慣と呼ばれてきたものが含まれ、これらは毎日、日常的に反復されるものであるということが特徴である。ただ、「基本的生活が完成してからあそび、仕事、学習の活動がはじまるというのではなく、あそび、仕事、学習の活動は逆に基本的生活の自立をうながしていくもの」であるという点には注意が必要である（宍戸2000：165）。

　第二に、子どもの遊び活動を、「土台」としての基本的生活の上に展開される主要な活動として位置づけたことである。遊びは「おもしろさを追求する活動」であり、その点において自己目的的なものであるが、その一方で、遊びを通して体力、知力、社会性など多面的な子どもの能力の発達を促すものでもある。宍戸の「保育計画の構造」図では、遊びは幼児期の活動の中心を占めるものとして特記され、遊びから、後述する課業活動（学習）やクラス運営活動（仕事）が派生してくるとされる（宍戸 1982：49）。

　宍戸は、遊びは「まわりの物への働きかけや模倣」という原初的形態であらわれ、やがてごっこ遊びなどの「虚構（フィクション）の世界」を創造し、その世界の中で楽しむ活動へと発展していくと考えている（宍戸2000：166）。

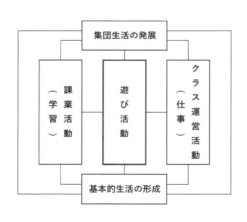

図8−1　保育計画の構造
〔宍戸（2000：103）による〕

　第三に、子どもたちによるクラスの自主的な運営活動を「仕事」または「労働」と呼び（宍戸　1982：45f.）、「自分たちのことは自分たちでできる」という自立・自治を目標として行われる、遊びとは質的に異なる「実務的活動」として位置づけたことである。保育者の「お手伝い」から始まって、グループ内での「当番」（順番に、交替で、日常生活で、くりかえされる簡単な仕事を、個人が担うもの）へ、更に、クラス全体に貢献するために、グループ全員が協力して、同一のまとまった仕事を行う「係活動」へと発展していく（宍戸　1982：57f.）。

　第四に、遊び活動から分化するものの、「遊びを楽しくするための知識・技術を指導したり、また、逆に、遊びを発展させるなどのため、教材・教具を利用して知識・技術を順次的に指導したりする」ことによって、「子どもの感応、表現の力を系統的に豊かにする」（宍戸 2017：264）ことを目指す取り組みとして「課業」を位置づけたことである。言いかえれば、課業は「中心となる活動」（安部富士男）を生み出す媒介項、「主題」を中心とする保育活動を触発する刺激ともなるものである（宍戸 2017：264）。課業を通して、「体験的な活動を基礎として子どもたちの抽象的な思考力や基礎的な技術力・表現力」を高めていく活動であると同時に、個々の子どもの能力が「みんなのもの」になっていく活動、つまり能力の共有化が図られる活動でもあるとする（宍戸　2000：117）。課業は「学習」とも呼ばれるが、理論的性格を持つという点で、実践的性格を持つ遊びや仕事とは区別される（宍戸　2000：166）。小学校以降の文化の系統的な指導に発展していく基礎的な内容の指導が想定されており、その内容には音楽、造形、体育、ことば・文字、数・量の指導が含まれるという。これらの指導が「早期能力開発主義」に陥らないようにするためには、課業を常に遊びと結びつけ、それが「遊び的形態」をとって行われるようにすることに注意が必要であるとする。

　課業については、宍戸は三木安正編著『年間保育計画』（1959 年、フレーベル館）に触れつつ、「戦後のコア・カリキュラムのもっていた欠陥——生活を質的に発展させる見通しの欠如——が、『幼稚園教育要領』で克服されないままに、いきなり「六領域」が登場してきたことから、『要領』の意図とは別に、「領域」

を課業的(もしくは教科的)に把握するという傾向」が生み出されたという1950年代の幼児教育動向について注意を促している(宍戸 1982：29)。

　ただ、領域ごとの内容は非系統的であり、子どもの「態度」の形成にかかわるものを多く掲げていたことから、子どもに一定の態度を取ることを強制する「態度主義」の危険性をはらんでいたという(宍戸 1982：29)。

　第五に、「集団生活の発展」を重要視したことである。この発想は、城丸からの示唆によって導入されたものである。城丸がいう「子どもの民主的な交友関係と自治組織」の発展を、宍戸なりに捉え直したものがこれである。宍戸にとって、「集団生活の発展」は、上記の「四つの活動を貫く中心軸」である(宍戸 2000：167)。「集団生活の発展」という見地から、上記の諸活動は「統一的、綜合的に把握する」ことが必要となる(宍戸 1982：47)。宍戸は、集団の発展を、「集団生活の基調となるリズムを、保育者が中心となって創りととのえていく段階」である保育者中心的集団の段階から、「子どもたち自身が中心になって活動していくなかで、集団生活の内容を充実させととのえていく段階」である子ども中心集団の段階への発展という二段階のプロセスとして捉えている(宍戸 2000：172)。「集団生活が、個々バラバラな群れ的状態にあったものが、保育者の適切な指導を通して、仲間同士の相互理解に支えられた内容豊かな集団生活に発展していく」という集団の質的変化を重要視する発達観を宍戸は示している(宍戸 2003：44)。この「集団生活の発展」の重視というテーマを、宍戸は1950年代末から抱き続けてきた。その契機となったのは、既に触れた三木編著『年間保育計画』(1959年)であった。宍戸は三木編著を、保育計画を、「子ども一人ひとりのパーソナリティー」を「集団生活の中」で形成されていくものとし、子どもの人間関係を、「民主的」な集団へと発展させていくことが、子ども一人ひとりの発達にとってきわめて重要だとした著作であると考えている(宍戸 2003：25)。宍戸によれば、三木編著は戦前のいわゆる第一次保問研のアイデアを継承した著作である。実際に、三木編著には、戦前保問研から参加した保育者の海卓子、畑谷光代らが参加している(宍戸 2003：25)。

　集団生活を、宍戸が諸活動の基軸として設定したことの背景には、グリゴリ

ー・コスチューク(1899-1982)の発達論、マカレンコの集団教育論がある。宍戸は、コスチュークの「内的矛盾」という概念(コスチューク　1982)を次のように捉える。すなわち、「子どもの新しい欲求、関心、志向と、彼の能力の発達水準とのあいだにある矛盾、社会環境が彼に提出し、かれがひき受けた要求と、その要求を満たすに必要な能力や技能の習得水準とのあいだにある矛盾、新しい課題と以前につくられ習慣化している思考方法や行動方法とのあいだにある矛盾」である(宍戸　1970：59)。

　コスチューク、そして宍戸によれば、このような「内的矛盾」こそが子どもの「質的な発達」を促す「原動力」である。それゆえ、教育は、子どもに「内的矛盾」を起こさせ、それを「方向づけ発展させる仕事」を負わなければならないのである(宍戸　1970：59)。

　「内的矛盾」を生起させるための媒体として重要視されるのは「集団」であり、集団が、自らの知識を「実践的活動に応用」することによって、「内的矛盾」は引き起こされ、子どもの知的、のみならず身体的能力の「全面的な発達」を促進するという(宍戸　1970：60)。宍戸は、「内的矛盾」は、まず「集団内の矛盾」として表れるとする。そして、その「内的矛盾」が、個々の子どもの思考過程、思考方法として内面化され獲得されると考える。このような発達の過程を、宍戸はヴィゴツキーのテーゼ、すなわち「高次の精神機能は、最初は集団的・社会的活動、精神間的機能として、次に、個人的活動、子どもの思考の内部的方法として、精神内的機能として現れる」(ヴィゴツキー　2001：383)という考え方に示唆を受けて描き出している(宍戸　1970：60)。

　一方で、教育において集団が持つ意義については、1960年代から宍戸はマカレンコの影響を受けている。集団の形成とその深化が教育的効果を発揮するのは、教育における「見通し」、つまり教師と子どもが抱く教育の計画への予期を通してであるという。例えば、宍戸は、教育における「見通し」について述べた、マカレンコの次のような言葉を引用している。「人間を教育するということ——それはかれ(子ども)のなかに見通し路線を育てることを意味している」。子どもが持つことが期待される「見通し」には、「近い見通し」「中間の見通し」

「遠い見通し」の三つがある。「近い見通し」とは「時間的にはすぐにでも実現可能」な計画、「中間の見通し」は「時間的にいくらかはなれている集団的できごとの計画」、「遠い見通し」とは、「施設の将来、それのいっそう豊かな、いっそう文化的な生活」の実現を意味するという（宍戸 1969：73）。マカレンコによれば、個々人の「愉快」という原則から「近い見通し」をたてると、子どもを「享楽主義者」にしてしまう。それに対して「集団的な観点」にたつと、「子どもたちは大部分が、積極性、かなり顕著な自尊心、群衆からぬきんでたいという意欲、幅をきかせたいという意欲をもっている」ため、そのような意欲を「動的側面」として捉え、それを生活の向上へと結びつけることを試みる必要があるという（宍戸 1969：74）。

2000 年代以降における保育構造論の更新：「プロジェクト活動」の導入

　宍戸は、自らの保育構造論を、2009 年にいたって更新している（宍戸 2009）。その形状が台形をなしており、それを宍戸自身が特徴の一つとして挙げていることから、これを「台形モデル」と呼んでおこう。

　台形モデルにおいては、基本的生活の形成を基礎として、集団生活の発展が実現していく過程を保育構造の外壁と見なし、その内部にあそび、プロジェクト、学習という三つの活動が骨格として位置づけられている（図８−２）。1982年図式との相違は、仕事（労働）と位置づけられていたクラス運営活動が、「プロジェクト」という新しい概念によって捉え直されていることである。

　台形モデルでは、一番の基礎をなす活動を基本的生活の形成に支えられたあそびとし、この最下層を「環境構成型カリキュラム」によって実現するものとしている。それに上構するものとして、集団生活の発展の中で展開されるプロジェクト型カリキュラム、同じく集団生活の発展と並行して展開される学習を設定保育型カリキュラムとして位置付け、これら三種のカリキュラム形式が、台形モデルにおいて共存し、相互作用し合う一体化したものとして捉えられて

いる。

　上掲の保育構造論と相違する点としては、以前においてはヨコに並列されていた三つの活動が、台形モデルにおいては重畳するものとして位置づけられている点である。さらに、最上層に学習、すなわち課業が位置づけられている点も目を引く。この重畳構造は、子どもの「年齢発達」を考慮に入れることによって形成されたものと考えられる(宍戸 2009：59)。宍戸は、前述の三つのカリキュラム類型のうち、最も基層をなす環境構成型カリキュラムを「低年齢児の保育活動を意味」するものとし、最上層をなす学習(課業)を中心とした設定保育型カリキュラムを「年長児の活動」として位置づけている。ただし、あそび・プロジェクト・学習の三層構造が、この順に小さく描かれていること、すなわち構造全体に占める学習(課業)のウェイトが大きくはないということを宍戸は併せて強調していることに注意しておきたい(宍戸 2009：58)。

　活動の三つの軸が、横並びに並列されていた 82 年構造図では、三つの軸の相互関係、特に発達との関連が明らかではなかった。82 年構造図の基礎となった名倉の生活時間の構造図が、そもそも 5 歳以上の子どもの生活時間を念頭に置いたものであったことの影響からか、82 年構造図は、4〜5 歳の高年齢児のみを射程に入れた、いわば年齢限定的なものとなってしまっていた。そのこと

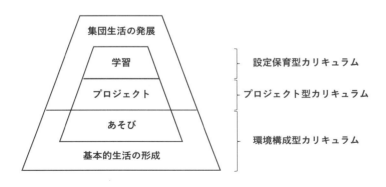

図 8 − 2　台形モデル
〔宍戸(2009：59)による〕

は、乳児期からの発達のプロセスを十分に組み込めていないことを意味していたともいえよう。この弱点を克服するべく、宍戸が施した修正が、横並びの並列から、縦向きの重層構造、重畳構造への転換であった。重畳構造化された台形モデルにおいては、より下層の活動が、発達段階のより初期を示し、その初期における活動を基礎として、発達段階の上昇と共に、活動が重畳化し、多層化し、複雑な構造を成していく様を表現しようとしているといえるだろう。

　台形モデルのもう一つの新規の特徴は、「主題」を中心とする活動を組み込んだことである。「主題」(課題)を中心とする保育過程は、宍戸によれば四つの段階からなる(宍戸 2017：279)。①共通の主題(課題)の発見。子どもたちの具体的な生活の中から、子どもたちが興味・関心を抱くテーマについて話しあい、クラス全体で意欲的に取り組める共通の主題(課題)を見出す。②協働的な探究活動の展開。課題の解決へ向けたプランを話しあい、それを共同して実践する。③まとまった成果の発表。④次の活動へ向けて、課題に取り組んだ成果があったことを喜び合う。

　宍戸は、保育構造論が形式的に導入されると創造的実践が妨害されてしまう危険が伏在することを認識しながらも、保育活動を総体的にわかりやすく「把握」するためには、このような「図」が必要であるという認識上のメリットを強調している(宍戸 2000：105)。

　上記以外にも、保育者がそれまで行ってきたクラスの管理運営上の仕事を子どもたちが担う「クラスの自主的な運営活動」が特記されることもあった(宍戸 1982：45)。初めに子どもが仕事をこなす形態は、保育者の「お手伝い」であるが、やがて「当番」として、「順番に、交替で、日常生活上で、くりかえされる簡単な仕事」をこなすことができるようになる(宍戸 1982：57)。当番活動を通して、子どもたちはグループ意識を育てていく。「クラス集団を支えている力、つまり主導権が、保育者から子どもたちの手に移っていく」という(宍戸 1982：70)。保育者から子どもへの「主導権」の移行は、子ども集団の組織化・自律化によって可能になるのであり、それこそが宍戸の二つの保育構造論の共通する目標でもある。子ども集団の組織化・自律化は、子どもの園生活に根ざした集

団的活動を通して実現するのであり、宍戸にとっての子ども集団とは、保育方法であると同時に保育形態であり、保育目標でもある複合的な概念なのである。

第 8 章の参考文献

安部富士男『遊びと労働を生かす保育』国土社、1983 年。

安部富士男『幼児に土と太陽を：畑づくりから造形活動へ』(新装版)、新読書社、2002 年。

ヴィゴツキー『思考と言語』(新訳版)、柴田義松訳、新読書社、2001 年。

加藤繁美『子どもの自分づくりと保育の構造：続・保育実践の教育学』ひとなる書房、1997 年。

加藤繁美『対話的保育カリキュラム下：実践の展開』ひとなる書房、2008 年。

木下龍太郎・宍戸健夫「幼年教育」川合章編『学校教育』(講座現代民主主義教育第 4巻)、青木書店、1969 年。

久保田浩「単元構成と保育計画」梅根悟編『保育原理』(新・教職教養シリーズ)、誠文堂新光社、1968 年。

久保田浩『幼児教育の計画：構造とその展開』(第 3 版)、誠文堂新光社、1975 年。

コスチューク「子どもの発達と教育との相互関係について」『発達と教育』村山士郎・鈴木佐喜子・藤本卓訳、明治図書出版、1982 年。

小山優子「幼児教育カリキュラムの史的展開：戦後わが国の「保育構造」論を中心にして」『島根女子短期大学紀要』40、2002 年。

宍戸健夫『日本の集団保育』文化書房博文社、1966 年。

宍戸健夫「保育の歴史」横山明・田代高英・丸尾ふさ・宍戸健夫・土方康夫『現代保育入門』風媒社、1967 年。

宍戸健夫「遊びの発展」宍戸健夫・田代高英編『幼児の遊びと集団づくり』明治図書出版、1969 年。

宍戸健夫『集団保育：その実践と課題』風媒社、1970 年。

宍戸健夫『幼児の集団と教育』さ・さ・ら書房、1975 年。

宍戸健夫「私たちの研究を科学的なものに：城丸論文から学ぶもの」『季刊保育問題研究』(61)、1977 年。

宍戸健夫「保育計画とは何か」宍戸健夫・村山祐一編著『保育計画の考え方・作り方：幼児の保育計画と実践』あゆみ出版、1982年。

宍戸健夫『土筆の記：私の履歴書』一誠社、1996年。

宍戸健夫『保育実践をひらいた50年』草土文化、2000年。

宍戸健夫「展望：保育学の過去・現在・未来：保育カリキュラムを中心に」『保育学研究』39、(1)、2001年。

宍戸健夫『実践の質を高める保育計画：保育カリキュラムの考え方』かもがわ出版、2003年。

宍戸健夫『実践の目で読み解く新保育所保育指針：保育の計画・カリキュラムと評価を中心に』かもがわ出版、2009年。

宍戸健夫「保育構造論から見る保育計画：プロジェクト活動を考える」『季刊保育問題研究』(277)、2016年。

宍戸健夫『日本における保育カリキュラム：歴史と課題』新読書社、2017年。

宍戸健夫・大場牧夫「保育集団をめぐって」大場牧夫『大場牧夫保育対談：幼児教育の本質を求めて』フレーベル館、1981年。

宍戸健夫・勅使千鶴・石川正和「幼児教育の方法と内容」矢川徳光・城丸章夫編『幼児教育』(講座日本の教育11)、新日本出版社、1976年。

宍戸健夫・田代高英編『保育入門』有斐閣、1979年。

宍戸健夫・勅使千鶴・木下龍太郎編著『幼児保育学の初歩』青木書店、1992年。

宍戸健夫・土方弘子編著『乳児の発達と保育計画：乳児の保育計画と実践①』あゆみ出版、1986年。

宍戸健夫・土方弘子編著『乳児の保育内容を豊かに：乳児の保育計画と実践②』あゆみ出版、1987年。

宍戸健夫・渡邉保博・木村和子・西川由紀子・上月智晴編『保育実践のまなざし：戦後保育実践記録の60年』かもがわ出版、2010年。

城丸章夫「子どもの発達と集団づくり」『季刊保育問題研究』(61)、1977年。

城丸章夫「「指導」こそが民主的学級経営の原点」大畑佳司・豊丹生信昭編『学級経営の計画と実践：1・2年』あゆみ出版、1981年a。

城丸章夫『幼児のあそびと仕事』草土文化、1981 年 b。

玉置哲淳『人権保育のカリキュラム研究』明治図書出版、1998 年。

東京保育問題研究会編『保育問題の 20 年(1)：会報巻頭論文集』博文社、1972 年。

東京保育問題研究会編『伝えあい保育の 25 年：東京保育問題研究会のあゆみ』文化書
　　房博文社、1983 年。

豊田和子編『実践を創造する幼児教育の方法』みらい、2013 年。

名倉啓太郎「遊びと仕事」『幼年期・発達段階と教育 1』(岩波講座子どもの発達と教育
　　4)、岩波書店、1979 年。

土方康夫『保育とはなにか』青木書店、1980 年。

マカレンコ『集団主義と教育学』矢川徳光訳、明治図書出版、1960 年。

宮坂哲文「生活指導の本質」宮坂哲文編者代表『生活指導』(明治図書講座・学校教育
　　第 11 巻)、明治図書出版、1956 年。

宮坂哲文『生活指導の基礎理論』誠信書房、1962 年。

師岡章『保育カリキュラム総論：実践に連動した計画・評価のあり方、進め方』同文書
　　院、2015 年。

あとがき

　本書全体を通して見てきたように、「伝えあい保育」の理論は、人間に対する
認識、および人間が形成する社会に対する認識と緊密に結びつけられながら形
成され、発展してきた。本書においては、人間論と社会論が密接に絡み合う中
で形作られた理論的枠組みを、「人間学」として位置づけ、それが保育理論の基
礎を構成していることを見てきた。保育理論の基礎理論としての人間論・社会
論は、その素材をソヴィエト＝ロシアの諸学から得てきた。しかし、それは決
して、それらの安直な翻訳的導入であったというわけではない。戦後の保育を
めぐる時代情況、特にその時点における支配的な教育学説、心理学説、社会学
説を相対化するための拠点が、ソヴィエト＝ロシアにおいて生み出された社会
科学の諸概念に求められたのである。「伝えあい保育」を創り上げようという動
機は、戦後日本という時代情況の中で、主流を占めたパラダイムに対するアン
チテーゼを提示しようというものであったのである。ソヴィエト＝ロシアから
導入された諸概念は、日本の保育をめぐる文脈に引き寄せて翻案され、結合さ
せられ、独自の構造を持つ理論的体系として再構築された。そのような主体的
創造の成果としての理論的構築物が、「伝えあい保育」を支える基礎理論として
の人間学なのであった。

　筆者が保育学の研究を始めて 10 年になる。筆者は大学院生の頃は教育思想
史を専攻していたのだが、初めて教員として就職したのが保育士養成校の短期
大学であった。「保育」のことなど何も分からないうちに、保育士養成科目のい
くつかを担当することになった。なお、保育士養成校には、筆者のように、保
育についての実践・研究の経験が皆無のうちに教員になる人間は決して少なく
ない。というのも、日本では、保育学研究者の養成を行う大学院がきわめて少
ないためである（幼児教育学研究者の養成が、教員養成系大学の大学院において
戦後長く行われてきたのとは対照的である）。当然、「保育士養成校教員」とし
て、「保育」についての本をさまざま読み、勉強しようとするわけだが、さっぱ

り分からない、学べない。全く頭に入ってこない。周知の通り、保育の本というのは、決して難解な構文や語彙で書かれているわけではない。韜晦とはほど遠い風貌をしているのである。それにもかかわらず、私は全く理解できなかった。しばらくして、自分が「保育」の本を理解できないのは、そこに書かれていることの「意味」を読み取れないからだということに気付きはじめた。自分にとって「意味」を読み取るための道具こそが、「思想」であり「理論」であったから、その瞬間から、私は保育の「理論」を探し求めはじめた。「理論」探訪の道程で出会ったのが、「伝えあい保育」論であった。戦後の我が国が、海外の思想の安直な輸入ではなく、自分たちが投げ込まれている時代・情況の中で、実践と常に格闘しながら磨き上げられた「理論」が誇示する氷壁のようなエレガンスに魅惑されると同時に、これほどの遺産が、現代の保育士養成、あるいは現職保育士研修のための資源として活かされていない現状に、強い違和感を覚えた。

　以上のような個人的な経緯もあり、筆者の初めての本格的な単著が「理論」についてのものとなったのは、ほとんど必然であるような気がする。これから新しく保育を学ぼうとする人たち——それは「人間」を学ぼうとする人たちでもあるはずである——に向けて、彼ら／彼女らが、保育の「意味」を自分なりに読み取るための、手がかり、足がかりになることを期待しながら書いた本である。当然のことながら、本書は単なる〈足場〉に過ぎないから、読者が各々の「理論」を獲得しえたとき、本書は閉じられ、過去のものとして、書棚において決して短くはない眠りにつくことになるだろう。そしてそれこそが、本書が刊行される唯一の、そして究極の目的に他ならないのである。

　本書は、2016年以降、断続的に書かれた拙稿を再構成したものである。初出は次の通りであるが、いずれの論考にも、本書に収載するに当たって多少の加筆・修正が施されていることをお断りしておきたい。

第1章　「乾孝の「伝えあい保育」論における人間＝市民：言葉と社会のインターフェイスに着目して」『神戸松蔭女子学院大学研究紀要：人間科学部篇』

（6）、2017 年。

第 2 章　「天野章による集団主義保育論の理論的基盤としての人間観」『人間科学：大阪府立大学紀要』（15）、2020 年。

第 3 章　「近藤薫樹の保育論における知的教育と道徳教育の止揚：層化論としての「近藤理論」の再構成」『神戸松蔭女子学院大学研究紀要：人間科学部篇』（7）、2018 年。
　　　　「保育論の基礎としての人間学：近藤薫樹による生物学のアレンジメント」『関西教育学会年報』（42）、2018 年。

第 4 章　「高橋さやかの児童文学教育論」『関西教育学会年報』（43）、2019 年。
　　　　「高橋さやかの児童文学教育論(2)」『関西教育学会年報』（44）、2020 年。

第 5 章　「斎藤公子の「リズムあそび」に見る生物＝進化的モメントと歴史＝文化的モメントの臨界」『人間科学：大阪府立大学紀要』（14）、2019 年。

第 6 章　「安部富士男の保育構造論において飼育・栽培活動が持つ教育的意義」『社会問題研究』69、2020 年。

第 7 章　「かこさとし(加古里子)による子どもの遊び文化論」『保育文化研究』（11）、2020 年。

第 8 章　「宍戸健夫の保育構造論形成に対する教育諸科学からの影響」『社会問題研究』70、2021 年。

　保育をめぐる状況の変化は急激である。それゆえに、保育についての本たちも、驚くべき早さで古くなっていく。しかし、忘れ去るには余りに惜しいほどの豊穣な遺産を、保育研究の先人たちは残してくれている。筆者にとって、そのような先達の 1 人が、宍戸健夫先生であった。指導生として直接の指導を頂戴する機会に恵まれたわけではないが、宍戸先生には、研究会や学会の折ごとに、そして未だに刊行され続ける新著を通して、多くを感じ、学び、考えさせられる刺激を頂き続けている。行為を通して倫理を体現し続ける先生と同時代に呼吸する幸運に恵まれたことに感謝しつつ、擱筆したい。

本書は、「伝えあい保育」の、そして戦後日本保育理論の〈前史〉にすぎない。

御陵の濠の畔にて

2021 年 2 月 28 日

吉田直哉

著者略歴

1985 年静岡県藤枝市生まれ。2008 年東京大学教育学部卒業。同大学院教育学研究科博士課程を経て、2022 年より大阪公立大学准教授(大学院現代システム科学研究科・現代システム科学域教育福祉学類)。博士（教育学）。保育士。専攻は教育人間学、保育学。

主著に『再訂版：保育原理の新基準』(編著、三恵社、2018 年)、『子育てとケアの原理』(共著、北樹出版、2018 年)、『子どもの未来を育む保育・教育の実践知：保育者・教師を目指すあなたに』(共著、北大路書房、2018 年)、『教育・保育の現在・過去・未来を結ぶ論点：汐見稔幸とその周辺』(共著、エイデル出版、2019 年)、『バーンスティン・ウィニコットの教育環境学：人間形成論における「境界」体験の構図』(単著、ふくろう出版、2020 年)がある。

メールアドレス：yoshidanaoya@omu.ac.jp

「伝えあい保育」の人間学
戦後日本における集団主義保育理論の形成と展開

| 2021 年 3 月 20 日　初版発行 |
| 2023 年 1 月 30 日　二刷発行 |

著　　者　　吉田　直哉

発　　行　　ふくろう出版
〒700-0035　岡山市北区高柳西町 1-23
友野印刷ビル
TEL：086-255-2181
FAX：086-255-6324
http://www.296.jp
e-mail：info@296.jp
振替　01310-8-95147

印刷・製本　　友野印刷株式会社
ISBN978-4-86186-805-4　C3037　©YOSHIDA Naoya 2021
定価はカバーに表示してあります。乱丁・落丁はお取り替えいたします。